아들이 알바해서 번 돈

# 1000만 원으로
# 서울에 집 샀다

이원일 지음

아빠가 아들에게 알려주는 부동산 실전 경매

VIVa체

# 들어가는 말

저는 세아들의 아빠입니다. (인스타그램을 확인하세요~^^)
https://www.instagram.com/dad_n.son/
[2023년 4월]

어느 부모나 마찬가지겠지만 자식들이 잘 살았으면 하는 바람을 갖고 있잖아요.

잘 살려면…
일단, 몸이 건강해야겠지요.
이단, 마음이 따뜻해야겠고요.
삼단, 돈이 있어야 될 거 같아요.

세 아들에게 이 세 가지를 얘기해 보면 일단과 이단은 그냥 흘려듣는 거 같아요.
하지만 삼단, 돈 얘기는 아이들도 관심을 보이더라구요.
돈을 많이 벌고 싶다는 얘기를 계속하니까요.

저희 세대는 돈 버는 방법을 차근차근 배우지 못했습니다.
배울 방법도 없었고요.

제가 20대 때는 그냥 알바를 하면서 그때그때 필요한 돈을
벌고, 바로 썼지요.
하기야, 돈이 뭔지도 몰랐던 거 같고요.
지금 생각해 보면 돈을 어떻게 사용해야 하는지도 몰랐네요.

현재 제 나이 쉰둘, 돈에 대해 완전하게 안다고 생각하지는
않아요.
하지만 '돈을 버는 방법'에 대해 생각하고, 배우고, 익히고,
실천하고, 느꼈던 이야기를 아들에게 들려주고 싶습니다.
아들이 저와 같은 실수를 반복하지 않기를 바라니까요.

제가 본격적으로 돈을 벌어야겠다고 생각한 건 마흔두 살
때였습니다.
그 전에는 돈보다 더 중요한 것이 있다고 생각했고 그것을
알기 위해 많은 노력을 했습니다.

여기서 제 얘기를 잠깐 들려드려야겠네요.
'도대체 뭘 했기에 마흔두 살이 되도록 돈을 안 벌고 살았지?' 하는 궁금증이 있으실 거 같아서요.

어릴 때 울보였던 기억이 나요. 툭하면 울고, 손님이 오셔도 아버지 뒤에 숨어서 인사도 못 하고, 초등학교 때 친구들과 다툼이 있으면 눈물이 먼저 나고 아무 말도 못 했던 게 생각나요. 암튼 마음의 상처를 잘 받았거든요.

저는 제 마음이 약하다고 생각했고 마음 수련을 해야겠다고 결심했죠. 그렇지 않으면 힘든 세상을 살아갈 자신이 없었으니까요.

마음 수련을 하던 저는 몸이 허약하다는 걸 알았죠.
허약한 몸으로는 마음 수련을 제대로 할 수 없다는 것을 깨닫고 몸 수련도 병행합니다.

들어가는 말

28년간 몸과 마음을 수련하던 저는 어느 정도 제가 원하는
수준에 이르렀습니다.
'세상을 살아나갈 수 있는 힘'을 얻은 것이죠.

2007년 파리세계무술축제에서 시범을 보이는 세아들아빠

이런 수준에 대해 헛웃음을 웃으시는 분들도 계시겠지만 저에게는 인생을 걸 만한 큰일이었어요.

아무튼, 일단과 이단을 정리한 저는 삼단, '돈을 벌어야 한다!'는 결심을 해요.

가장 먼저 떠오른 생각은 아이들이 편하게 지낼 수 있는 집을 마련하는 것이었습니다.
큰애가 태어난 뒤로 열네 번 이사를 했고 첫째와 둘째는 유치원과 학교를 네 번씩이나 옮겼어요. 아이들에게 참 미안했지요.

그 당시, 저희 가족은 보증금 200만 원에 20만 원 월세살이를 했어요.

'이제부터 돈을 벌어서 집을 사려면 얼마를 벌어야 할까?'

계산을 해봤죠.
아이들 셋을 키우면서 매월 100만 원씩 저금을 하면 1년이면 1200만 원, 10년이면 1억 2000만 원.

2012년 당시에 서울에 방 3개 아파트 한 채를 마련하려면 필요한 돈이 5억 원(지금은 더 많이 올랐네요). 꼬박 40년을 모아도 4억 8000만 원. 아이들과 지낼 아파트 한 채를 마련하지 못하는 거였어요.

매월 200만 원을 모아도 20년이 더 걸리잖아요.

마흔둘에 시작해서 예순둘에 아파트 한 채를 마련하면 그동안 아이들은 다 크고 막내가 스물네 살이 된다는 계산이 나오니까 너무 허무하더라고요.

그래서 처음부터 다시 생각했어요.
'돈을 벌려면 무엇을 해야 할까?'
누구나 이런 생각을 해보잖아요. 저도 스무 살 때 생각해
봤던 거 같아요.

그때나 지금이나 저의 답은 '땅을 사야 한다'였어요.
왜냐하면 역사적으로 항상 땅을 차지한 사람이 잘 살았으
니까요.
그렇다고 엄청난 땅을 차지하겠다는 생각은 아니에요.

저의 목표는,
일단, 아이들이 삶의 터전이 될 땅, 집을 얻고
이단, 아이들이 음식을 먹을 때 가격표를 먼저 보지 않게
　　　하고
삼단, 아이들이 하고 싶은 공부가 있다면 학비는 걱정하
　　　지 않게 하자.

였습니다.

그래서 본격적으로 부동산 공부를 시작합니다. 시간과 돈이 없으니 책을 빌려 보고 영상 강의를 찾아봤어요.
당장은 돈이 없지만 결국은 땅을 사야 하니까요.
저도 막막했어요. 일해서 모은 적은 돈으로 땅을 살 수 있는 방법을 몰랐으니까요.

밤 10시에 일이 끝나면 일터를 정리하고 사무실에서 잠을 두세 시간 정도 잤던 거 같아요.
저는 생각이 많은 타입이에요. 잠자리에서 생각이 시작되면 꼬리에 꼬리를 물죠.

독서와 인터넷 검색 그리고 사색을 새벽 동틀 때까지 계속 하다가 지쳐서 잠이 들었어요.

어느 날 새벽,

유튜브에서 부동산경매에 관한 영상을 보게 됩니다.

너무나 기뻤어요. 저의 조건에 딱 맞는 이야기였으니까요.

'적은 돈으로 집을 살 수 있다!'가 핵심이었는데 저는 다르게 생각했어요.

'적은 돈으로 땅을 살 수 있다!' 이렇게요.

500만 원을 가지고 90% 대출을 받으면 3000만 원짜리 집을 살 수 있다는 얘기였어요. 그 집에는 분명히 땅이 포함되어 있었죠. 눈이 확 뜨이는 얘기였고요. 그때부터 부동산 법원 경매를 시작해서 돈을 벌기 시작합니다.

들어가는 말

저는 마흔둘에 무일푼으로 시작해 8년 만에 자산 21억을 만들었어요.

21억짜리 산봉우리로 가는 등산로는 부동산이었고 등산장비는 법원경매였습니다.

출처: 유튜브

세아들아빠의 유튜브채널 '빌딩남자' [2023년 4월]
https://www.youtube.com/channel/UCUh5G4VWZQXVkkQzH071fqQ

21억 원의 돈이 크지 않다는 분들도 계실 거예요. 하지만 저에겐 너무나 큰 돈입니다.

정말 아무것도 없이 시작해서 8년 만에 이룬 성과였으니까요. 물론, 지금도 저의 자산이 불어날 수 있도록 계속 배우고 실천하고 있습니다.

이 책에 제가 마흔두 살부터 쉰 살까지 배우고 실천하면서 느꼈던 이야기를 담았습니다.

약 700만 원으로 서울 용산구 청파동에 4.6평 되는 땅을 평당 1100만 원에 샀고, 그 땅은 7년 만에 평당 1억 원이 되었지요. 거의 10배가 오른 거죠. 고등학교를 졸업한 아들에게 이 방법을 알려주고 싶었죠. 아들에게 혹하는 말을 던졌어요.

"아들, 알바로 1000만 원만 모으면 서울에 집을 사서 월세를 받을 수 있어!"

알바를 시작한 아들은 월급 150만 원을 받아서 아빠한테 100만 원씩 맡겼어요. 약속대로 1000만 원을 모았고 서울 도봉구 창동에 경매로 집을 샀어요. 제가 돈 버는 포인트를 알려주고 아들이 실행해서 산 집이에요.

아들은 월세를 받는다고 신기해했어요. 대출이자를 내고 매월 25만 원씩 수익이 통장에 들어오는 것을요. 하지만 아들은 집을 산 게 아니에요. 땅을 산 거죠.

생각이 이렇게 바뀌면 아들은 이 세상에서 경제적으로 불안하지 않은 삶을 살 거예요. 짧은 시간에 돈을 많이 벌고 싶다면 이루어질 가능성이 많을 거예요.

아들이 제대 후에 알아보니 그 땅은 9000만 원이 올랐습니다. 역시, 결과가 나오면 생각이 정말 많이 바뀌는 거 같아요. 아빠 말대로 땅을 사야겠다는 생각은 아직 확고하지 않지만 부동산이 돈이 된다는 생각은 말없이 굳어졌어요.

시간이 필요하겠지만 결국엔 생각이 바뀔 거예요.

제가 아들에게 전하고 싶은 말은 땅을 사는 기술적인 얘기가 아닙니다.

저보다 좋은 기술을 가진 훌륭한 분들은 너무 많아요. 저는 아들이 이 책을 읽고 땅에 대한 생각을 바꿨으면 합니다.

땅은 '신이 주신 선물'이라서 그 선물의 의미를 안다면 우리 삶의 든든한 백을 얻는 것임을 아들에게 알려주고 싶어요.

부족한 부분이 많겠지만 혹시라도 필요한 분들에게 도움이 됐으면 하는 바람을 가져봅니다.

서울 망원한강공원에서

# 차례

## 42세 무일푼 아빠가 8년 만에 21억 자산가가 되다!

차 례

# 1000만 원으로
# 서울에 집 사기

"아빠, 이제 나도 집이 생긴 거야?"
"그래, 아빠가 좀 전에 낙찰받았어. 축하한다!"

"오, 믿기지가 않는데… 고마워요, 아빠!"
"알바해서 돈 모으느라 고생했다, 우리 아들!"

"알바해서 돈 모으는 거보다 부동산에 시세 알아보는 게 더 어려운 거 같아."
"그래서 힘들었구나?"

"힘들다기보다 돈 벌기가 쉽지 않다는 걸 알았어."

# 군대 간 아들은
# 매월 40만 원씩 월세를 받는다

열아홉 살 아들은 첫 알바를 구했다. 출퇴근 시간만 4시간이 걸리는 거리다. 그렇게 일해서 1000만 원을 모았고 아빠인 내가 500만 원을 빌려줘서 서울 창동에 있는 반지하 집을 경매로 낙찰받았다. 아빠에게 빌린 500만 원은 월세 보증금을 받아서 갚았고 아들은 지금도 월세를 받고 있다. 군대를 다녀온 뒤엔 집 값이 9000만 원이 올랐다.

군대 가는 아들은 매월 40만 원씩 월세를 받는다.
훈련소 입소를 일주일 앞둔 아들이 나를 불렀다.
부탁이 있다면서….

"아빠, 월세는 계속 잘 들어와요. 제가 군대에 있는 동안 임

차인 연락을 못 받으면 안 되잖아요. 아빠가 대신 받아주실
수 있어요?"

훈련 잘 받고 군 생활만 잘하라며 어깨를 토닥여 줬다. 월세 입
금 확인만 잘 할 것을 당부했다. 아빠가 아들 군대 가는데 그거
못 해주겠냐고….

머리 깎은 아들이 훈련소 입소하는 날엔 기분이 묘했다. 내가
훈련소 갈 때 우리 아버지도 이런 기분이셨을까? 갑자기 돌아
가신 아버지가 생각났다.

시간은 정말 빠르게 흐른다.
입대한 지 얼마 안 된 거 같은데 아들이 벌써 마지막 휴가를
나온단다. 부모들이 항상 하는 걱정은 몸 성히 제대하는 것이
다. 고생한 아들이 고맙고 대견하기에 한우를 사주려고 마장동
으로 불렀다.

식당 문이 열리고 건장해진 아들은 성큼성큼 내 앞으로 다가왔
다. 대한민국 육군 병장 이○○. 늠름한 아들의 모습, 넓어진 어
깨, 당당한 걸음걸이!! 군복이 잘 어울리는 '내 아들'이다. 입가
에는 저절로 아빠 미소를 지었고, 이를 보던 식당 주인이 웃으
며 콜라 서비스를 주었다.

"안녕하십니까? 병장 이○○, 휴가를 명받았습니다.
충성!"

거수경례하는 아들은 내 상상 속에서만 있다.

"아빠, 저 왔어요."

이제 군기가 빠진 말년 병장. 낼모레 제대하는 우리 아들. 의자
에 앉으며 주위를 둘러본다.

"오늘 고기 먹어요?"
"그래, 너 코로나 걸려서 힘들었지?"
"이삼일 아팠는데 격리조치돼서 편하게 쉬었어요."
"지금 몸 상태는 어때?"
"이제 다 나았고 괜찮아요."

군대에서 한 달쯤 전인가 아들한테 전화가 왔었다. 코로나에 걸
렸다고 했다. 너무 놀란 나는 지금 어디냐고 물었다. 아들은 차
분한 목소리로 '격리 장소에서 편히 쉬고 있어요. 이틀 전에 심
한 증상은 지나갔고 지금은 회복 중이에요'라고 말했다.
걱정하실까 봐 미리 전화 안 드리고 회복 중에 전화드린다고 했
다. '이제 다 컸구나'라는 생각과 함께 혼자 격리 조치된 아들이

힘들었겠구나 생각하니 짠하면서도 기특하다는 생각이 들었다. 내가 군 생활할 때보다는 많이 편해졌다고 늘 말했지만 그래도 군대는 항상 힘드니까 말이다.

'지직, 지지직~~!'

내 주먹의 두배만 한 쇠고기 안심이 구어지는 소리다. 우연히 알게 된 맛집인데 아들에게 꼭 사주고 싶었다. 코로나로 힘이 좀 빠졌다는 아들에게 제격이다.

단골집 아줌마가 고기를 구워주며 아들에게 말한다. "군인 아들, 고생 많네. 맛있게 많이 먹어." 고기를 맛본 아들 왈 "와! 진짜 부드럽다, 아빠!"
아들은 어릴 때부터 음식을 가리지 않고 나보다 잘 먹었다. 자식들이 잘 먹는 모습을 보는 부모는 너무 기분이 좋다. 뿌듯하고 어깨도 으쓱해진다.

"월세는 잘 들어오고 있나?"
"네, 꼬박꼬박요."

군대에서 월세 받는 아들!
참 대단한 일인데 아들은 크게 생각하지 않는 거 같다. 그래서 나는 계속 얘기한다. 아들이 스스로 대단한 일을 했다고 인식하기를 바라면서.

나 또한 전에는 내가 한 일을 대단한 일이 아니라고 생각했던 적이 있다. 한국인 스스로의 겸손함이랄까. 나는 그랬어도 아들은 안 그랬으면 좋겠다는 생각이 들었다.

"너 군부대에서 월세 받는 사람 있나?"

"병사들 중에는 없어요."

"아빠 생각엔 하사관들이나 장교들 중에도 별로 없을 거야."

아들에게 자긍심을 심어주고 스스로를 칭찬하라고 말하고 싶었다. 내가 경험한 바로는 자신을 스스로 칭찬하는 방법을 모르면 사는 게 너무 힘들다.

나 역시 잘못한 건 스스로 용서 못 하고 중간 정도 한 건 성에 안 찼다. 잘한 건 당연한 거라고 생각했었다. 이렇게 나를 평가하는 방법은 잘못된 거다.

나를 평가하는 기준을 잘 세워야 하고, 객관적으로 나를 봐야 한다. 나무랄 건 나무라고 칭찬할 건 칭찬하기를 아들에게 바란다.

아들에게 꼭 전하고 싶은 말을 적어본다.

아들이 고등학교를 졸업하고 곧바로 아르바이트를 시작한 것도 대단하다.

아르바이트 장소까지 왕복 4시간씩 걸려서 1년 동안 출퇴근한 것도 대단하다.

10개월 동안 한 달에 100만 원씩 총 1000만 원을 모은 것도 대단하다.

아빠가 하라는 대로 경매 물건을 조사하고 시세 조사를 하고 낙찰을 받은 것도 대단하다(물론 내가 조금 도와줬다). 그래도 안 한다고 했다면 당연히 못 샀을 것이다.

직장 다니면서 부동산에 물건을 알리고 전화 상담해서 임대 낸 것도 대단하다.

임차인과 연락하면서 월세를 잘 받는 것도 대단하다.

마지막으로 겸손한 것도 아빠 입장에서 보면 대단하다.


할 수 있다는 경험은 자신감과 자존감을 높여주며, 다른 일을 진행할 때 엄청난 힘이 된다. 다만, 이 자신감이 자만이 되지 않도록 조심하며 스스로를 격려하고 칭찬하자.

언젠가 아들이 이 책을 꼭 봤으면 한다. 그리고 인생을 살아가면서 이런 얘기를 자기 자신에게 꼭 해주라고 말하고 싶다. 사실 아들 자랑을 하고 싶은 마음도 조금은 있다.

불판을 갈고 살치살을 올렸다. 마블링이 예술이라며 아들은 좋아한다. 입 안에서 얽히는 기름과 살코기가 아들의 입가에 미소를 만든다. 아빠는 흐뭇하다.

"월세는 잘 모으고 있는 거지?"

아들은 매월 40만 원의 월세를 받아서 대출이자를 내고 나머지
는 모아서 다시 투자하는 용도로 쓸 계획이다.

나는 계획대로 잘 진행하고 있는지 궁금했다. 군대에서 월급이
나온다고 해도 먹고 싶은 것을 마음대로 사 먹지는 못할 거다.
돈이 들어오면 어떻게든 쓸 구멍이 생기니까 스물두 살 아들이
계획대로 월세를 모으지 못할 수도 있다고 생각했다.

"잘 모으고 있어요."

참 듬직한 말이다. 군 생활 18개월 동안 월세 받아 모은 돈이
450만 원이란다. 내가 저 나이 때는 돈을 모은 적이 없었는데
아들이 나보다 낫다는 생각에 또 한 번 흐뭇하다.
식사를 마친후 약속이 있다며 일어서는 아들을 안아주었을 때,
이제는 아들이 아빠를 안아주는 모양으로 보인다. 걸어가는 아
들의 뒷모습을 보니 몇 년 전 첫 알바를 하러 출근하는 아들의
모습이 어른거려 대견하기만 하다.

# 아르바이트해서 모은
# 종잣돈 1000만 원

'타닥, 타닥.'

잠결에 부산한 소리를 듣는다. 아들이 화장실을 갔다 왔다.

'부스럭, 부스럭.'

옷을 입고 가방을 챙기는 소리다. 새벽 5시 40분. 이제 나갈 준
비를 하는 모양이다. 새벽에 잠든 나는 일어나지 못하는데 아
들을 생각하면 기특하기만 하다. 아들이 현관문을 닫고 나가는
소리를 듣고 다시 선잠이 든다.

고등학교를 갓 졸업한 열아홉 살 아들은 경기도 남양주에서 서
울 봉천동으로 아르바이트를 다녔다. 출퇴근에만 왕복 4시간이
걸리는 거리였는데 아침 6시에 출발해서 밤 9시나 되어야 집에

들어왔다. 가끔 주말에도 일을 나간 적이 있었고 쉬는 날 집에서도 일을 하는 모습을 보았다.

'잘하면 석 달 정도 하겠지' 생각했는데 나의 착각이었다. 아들은 꾸준히 그리고 말없이 알바를 다녔다. 잘 하고 있는지 궁금했지만 그저 지켜만 볼 뿐 꼬치꼬치 묻지 않았다. 가끔 "아들, 힘들지?" 묻는 아빠의 말에 "괜찮아"라고 대답했다. 아침 6시에 나가는 아들 뒷모습을 보면서 나는 말없이 응원했다.

아들이 초등학교 1학년 때였던 거 같다. 시골에서 살 때, 학교가 있는 작은 마을을 아들과 함께 걷고 있었다.

    "야, 거북이! 얘들아, 저기 거북이 간다."

또래 아이들이 아들을 보며 놀리듯 부르는 것이었다. 나는 놀랐다. 아니 기분이 몹시 나빴다. 어느 아빠가 아들이 친구들에게 놀림받는 모습을 보고 괜찮을 수 있겠는가? 나는 우리 아들이 학교에서 그런 놀림을 당하리라고 상상해 본 적이 없다. 말문이 막혔다. 입은 벌어졌지만 소리가 나오지 않았다. 혹시 충격받았을까 걱정스러운 눈으로 손을 잡고 있던 아들을 내려다보았다. 아들은 아무런 동요도 없이 말했다.

"안녕."

그러곤 가던 길을 그냥 걸어갔다. 어리둥절한 나는 아들 손에 이끌리다시피 걸어갔다. 정신을 차리고 아들을 놀린 아이들에게 한마디 해줄까 했지만 애들은 이미 멀어진 상태였다.

아들의 태도가 너무나 의외였다. 나라면 놀리는 애들을 향해 소리를 지르거나 무시하고 지나쳤을 것이다. 쫄보였다면 아빠 뒤로 숨으면서 애들을 혼내주라고 말했을 거 같다. 그런데 아들은 내가 예상하지 못한 행동과 말을 하고 있었다. 나는 아들에게 물었다.

"아들, 친구들이 놀리는데 화나지 않아?"
"괜찮아, 내가 좀 느려."

망치로 머리를 한 대 맞은 느낌이었다. 아빠인 나는 거북이란 소리에 발끈해서 화가 나는 상황인데 아들은 아무렇지 않게 대처하고 있었다.
다시 생각해 보니 아이들이 놀리는 모습이라기보다는 즐거운 모습으로 아들을 부르며 인사한 것 같기도 하다. 아들도 거기에 맞춰 인사를 한 거였다.

내가 아빠라서 화가 났을까? 아들이 놀림을 당했다는 생각에 화가 난 것일까? 내가 어렸을 적에 친구들이 그렇게 놀렸다면 어땠을까? 나는 당연히 화가 났을 것이다. "나는 거북이가 아니야! 네가 나보다 더 느려!" 하면서 애들에게 쏘아붙였을 것이다.

하지만 아들은 달랐다. 침착했고 당당했고 편안하게 할 말을 했다. 자신이 느리다는 것을 인정하고 있었다. 인정한다기보다는 알고 있었다. 그리고 느리지만 항상 자신이 할 일을 하고 있었다.

나중에 안 사실이지만 친구들은 우리 아들을 싫어하지 않았다. 그러고 보면 나도 아들이 느리다는 사실을 이미 알고 있었다. 아들이 어릴 적 또래보다 한참 늦게 말문이 트였던 사실을 말이다.

중학생이 되고 고등학생이 되면서 아들은 느리다는 말을 많이 듣지는 않았던 것 같다. 하지만 지금 시작하는 아르바이트를 할 때도 분명 새로운 일을 받아들이는 데 늦을까 봐 걱정했었다.

일터에서 가르쳐 주는 일을 늦게 배우면 미운털이 박히지 않을까? 걱정이 되었다. 느리지만 우직하게 할 일을 다하는 모습을 보이겠지만 주변 사람들이 잘 대해줄지 의문이었다.

아들은 힘들다고 말하지 않았다. 그냥 묵묵히 자기 일을 하고 있었다. 아들의 어린 시절을 떠올리며 이번에도 아들이 잘할 것이라고 생각했지만 마음은 착잡했다.

"1000만 원을 모으면 아빠가 월세 받는 법을 알려줄게."

아르바이트 시작하기 전에 내가 아들에게 한 말이다. 아들은 월세를 받는다는 말에 관심을 보였다. 그 목표 때문이었을까? 일이 재밌었을까? 친구들은 대학을 갔는데 자기만 안 가서 이 악물고 일을 한 걸까? 여러 가지 생각이 들었다.

월급은 150만 원이었다. 매달 100만 원을 아빠에게 맡기고 50만 원으로 생활한다고 했다.

하루에 차비를 6,000원으로 잡으면 한 달에 12만 원,
점심 식비가 하루에 8,000원 잡고 한 달에 16만 원,
주말에 친구들과 놀 때 3만 원 잡고 한 달에 12만 원,
핸드폰 비용 5만 원, 비상금 5만 원 해서
50만 원으로 한 달을 산단다.

아들은 한 달에 100만 원씩 꼬박꼬박 나에게 가져왔다. 10개월 후에 1000만 원이 모였다. 10개월 만에 목표를 달성했다. 아빠

와의 약속을 지켰다. 너무나 대견했다.

"아빠, 이제 어떻게 해야 돼?"
"땅을 사야지!"

# 1000만 원으로
# 부동산경매를 해야 돼!

저녁 6시, 해는 뉘엿뉘엿 기울고 거리엔 퇴근하는 사람들이 바쁘게 걸어간다. 아르바이트를 끝낸 아들과 저녁 식사를 하기 위해 식당 골목을 향해 걷고 있었다. 1000만 원을 모은 아들은 어떻게 월세를 받을 수 있을지 궁금해했다. 옳다구나!! 이제 드디어 경매에 눈을 뜨는구나 하는 생각에 신이 나서 설명하기 시작했다.

돈을 많이 벌려면 제일 먼저 안정된 기반이 있어야 한다.
장사를 한다면 가게가 있어야 하는데 처음엔 대부분 월세를 얻어서 한다. 이때 가장 먼저 자기 가게를 만들어야 한다. 그것은 결국 땅을 사는 것이다.

물건을 만들려면 작업장이 있어야 하는데 이것도 마찬가지다. 월세를 얻어서 시작하지만 하루빨리 내 작업장을 소유해야 한다. 결국 땅을 사야 한다.

사업을 하려면 사무실이 있어야 한다. 당연히 내 땅에서 사무실을 짓고 시작하는 것이 월세 지출을 막는 최고의 방법이다. 하지만 사업 초기엔 당연히 어려운 일이다. 최대한 빨리 내 땅을 사고 수입이 없더라고 버틸 수 있는 내 사무실을 갖는 것이 좋다.

돈을 벌기 위해 안정된 기반으로 내 가게, 내 작업장, 내 사무실을 가져야 한다. 최대한 빠르게 말이다.

그보다 먼저 꼭 해야 할 일이 있다. 내 집이다. 사람은 편안한 잠자리에서 안정감을 얻는다. 불안한 상태로 돈을 벌 수는 없다. 돈을 벌기 전에 이미 안정된 잠자리가 필수다.

하루 종일 돈 버는 일에 시달리더라도 편안한 잠자리에서 휴식과 안정을 취한 뒤 다시 일터로 나가야 한다.
20대 초반에는 부모님 집이 최고이지만 독립생활을 시작한다면 최대한 빨리 내 집을 마련해야 한다.

요즘 집을 어떻게 사냐고 말하는 청년들을 자주 본다. 집값이 너무 비싸다고 말이다. 그 말은 반대로 생각해 보면 현재 자신의 능력으로는 도저히 집을 사기 힘들다는 뜻이다. 여기서 집을 살 수 있는 중요한 점 두 가지가 있다.

첫째, 지금 당장 내가 살 수 있는 집을 알아봐야 한다. 대부분 '돈도 없은데 어떻게 알아봐?', '돈이 없으니 집을 본다고 해도 살 수가 없잖아!' 이런 생각들을 한다. 현재 내 능력으로 살 수 있는 집을 찾아보지 않은 것이다. 이는 아주 중요한 점이다.

자동차를 예로 들어 보자. 지금 당장 살 돈이 없어도 남자들은 인터넷 쇼핑을 많이 한다. 여자들은 돈이 없어도 얼마든지 명품 백을 알아볼 수 있다.

많은 사람이 돈을 모은 후에 집을 알아본다고 말한다. 틀린 말이다. 현재 내 능력으로 살 수 있는 집을 알아본 후에 돈을 모아야 한다.

아들은 자신의 능력에 맞는 집을 알아봤다. 서울에 있는 반지하 빌라였다. 아르바이트를 해서 1년간 1000만 원을 모은 돈으로 서울 창동에 있는 방 두 칸짜리 반지하 빌라를 샀다. 물론 여기 살지는 않고 세를 주어 매달 40만 원 월세를 받고 있다. 15

만 원 대출 이자를 내면 25만 원의 수익이 생긴 셈이다.

나는 아들에게 항상 말한다. '너는 집을 산 게 아니라 땅을 산 거야, 서울에 5평 가까운 땅을 가진 거야'라고 말이다. 이 땅은 아들에게 많은 안정감을 줄 것이다. 3년이 지난 후에 아들도 그 안정감을 많이 느끼고 있다.

잘 알아보면 청년들의 능력으로 살 수 있는 집은 서울에 얼마든지 있다. 일류 기업에 입사해서 20년은 일을 해야 서울에 좋은 아파트를 살 수 있다. 하지만 아르바이트만으로도 1년간 돈을 모아서 서울에 땅을 살 수 있다. 그 땅이 기반이 되어 안정감을 얻고 내 능력을 키워 비싼 아파트를 사는 토대가 된다.

둘째, 비싼 집은 내 능력을 키운 후에 살 수 있다는 점이다. 내 능력에 알맞은 집이 반지하 집이라고 실망할 필요 없다. 남의 눈치를 볼 필요도 없다. 꾸준히 내가 할 수 있는 노동력으로 돈을 모아서 땅을 늘려나가면 된다. 1년에 내 능력에 맞는 땅을 한 건씩만 경매로 낙찰받아도 5년 정도면 충분하다. 그 땅들이 비싼 아파트, 모두가 부러워하는 서울 아파트를 살 수 있는 나의 능력이 되어줄 것이다.

결국, 아들은 '땅을 사야 된다. 그런데 땅을 사려면 돈이 많이 있어야 한다'고 생각한다. 하지만 아빠를 봐라. 아빠는 정말 돈이 없었다. 그래서 적은 돈으로 땅을 사야 했다. 어려운 일이지만 방법을 찾았다.

일단 적은 돈은 아들처럼 열심히 일해서 벌어야 한다. 그리고 좋은 땅을 사야 한다. 좋은 땅은 서울에 있다. 서울 땅이 좋은 이유는 사람들이 모이기 때문이다. 사람들이 왜 많이 모일까? 먹고살 수 있는 일자리가 많기 때문이다.
그리고…

"아빠, 나 배고파!"

'아뿔싸!' 나는 깨달았다. 또 나 혼자 떠들고 있다는 것을! 어느새 식당 골목에 접어들어 한참을 지나고 있다. 관심 있는 이야기만 나오면 열변을 토하는 아빠다.

아직은 아들이 땅을 사고 싶은 마음이 없다. 더군다나 설명을 듣고 싶은 마음은 더더욱 없는 거 같다. 단지 월세를 받고 싶은 것이다. 매달 아르바이트해서 버는 것은 힘든데 월세는 일 안 해도 돈을 벌 수 있다는 생각을 하는 것이다. 내 잘못이 크다. 아들이 땅을 사게 하려고 그렇게 미끼를 던진 것이다. 어쨌든 아들은 월세만으로 돈을 쉽게 벌고 싶은 마음뿐이다.

하지만 '돈을 쉽게 번다는 생각은 틀린 생각이다. 돈은 일한 만큼 벌린다. 월세 받아 돈을 버는 것은 일 안 해도 돈이 들어오는 것처럼 보이지만 다른 일을 해서 돈이 들어오는 것이다. 대부분의 직장인은 임대인이 하는 일은 어려워한다. 그리고 ….'

목구멍까지 올라오는 말을 다시 삼켰다. 이런 설명을 해봐야 아들은 관심이 없다. 이제 열아홉 살이니 당연하다. 돈 버는 설명보다 1000만 원을 모은 아들은 다음에 해야 할 일만 궁금해했다. 그래서 단도직입적으로 말했다.

"부동산경매를 해야지."

# 아빠,
# 경매는 쫌 나쁜 거 아니야?

경매를 해야 한다는 내 말에 아들은 뻘쭘한 듯 말했다.

"경매는 쫌 나쁜 거 아냐?"

경매가 나쁜 거면 나라에서 진행을 할까? 더군다나 대한민국 법원에서 말이다. 법원이 하는 일은 잘못을 판단하는 일인데 잘못된 일을 한다는 것은 천부당만부당하다. 아들도 이 설명에 수긍이 간다고 말한다.

"그런데 아빠, 왜 나쁘다는 생각이 먼저 들지? 쫌 꺼름칙한 느낌이 있단 말야."

처음엔 나도 그랬다. '경매'라는 말에 먼저 떠오르는 것은 TV에서 봤던 영상들이다. 관공서에서 나온 사람들이 할머니와 손녀가 살고 있는 집에 들어와서 인정사정없이 살림살이를 집 밖으로 끄집어내는 장면 말이다. 불쌍하고 힘없는 사람들을 권력의 힘으로 짓누르는 느낌이 들었다.

하지만 이것은 극중 긴장감을 유발하기 위해 연출된 장면이다. 극에서도 잘 살펴보면 할머니의 아들, 즉 손녀의 아빠가 빚쟁이가 되어 도망 다니고 있는 현실이 숨겨져 있다. 결국은 빚을 지고 달아난 아빠의 잘못이 보여지지 않고 아이가 겪는 장면만을 보고 '너무하다'는 시청자들의 공감을 얻기 위한 일이다.

또, '망한 집을 사면 재수가 없다'라는 생각이 많다. 이 또한 잘못된 생각이다. 우리 나이 또래 사람들은 대우그룹을 알 것이다. 현대그룹과 어깨를 나란히 한 그룹이지만 망했다. 그 본사 건물은 서울역 건너편에 아직 그대로 있다. 지금도 그 빌딩은 멋지게 운영되고 있다. IMF 시절 우리나라 굴지의 은행들이 망했다. 하지만 그 망한 집에 들어온 외국 회사들은 잘되고 있다. 더 크게 생각해 보자. 조선이 망하고 그곳에 대한민국이 들어섰다. 망한 집에 들어가 살고 있는 대한민국은 번성했다.

결국은 그 집에 누가 사는가에 따라서 더 번성할 수도 있고 다시 망할 수도 있는 것이다. 너무 거창한 예를 든 거 같아서 아들이 이해할 수 있게 한 가지 얘기를 더 했다.

"아들, 엄마가 주방에서 쓰는 칼은 좋은 칼이야? 나쁜 칼이야?"

"음… 좋은 칼이지, 우리에게 맛있는 음식을 해주니까."

"엄마가 해준 맛있는 저녁을 먹고 잠을 잔 그날 밤, 강도가 들어 그 칼을 가지고 위협을 하고 있다면 그 칼은 계속 좋은 칼인가? 나쁜 칼인가?"

나쁜 칼이라고 아들이 말한다. 그 칼이 스스로 좋은 칼이 되었다가 나쁜 칼이 된 것인가? 아니다. 그 칼을 자식을 사랑하는 엄마가 쓰면 좋은 칼이고 남을 해치는 강도가 사용하면 나쁜 칼이 되는 것이다.

분명 경매를 나쁘게 사용하는 사람들도 있다. 그리고 나쁘게 보여지는 면도 있다. 칼이 나쁜 것이 아니듯이 경매가 나쁜 것은 아니다. 여기까지 설명을 들은 아들은 말한다.

"아, 경매를 좋게 사용하면 되는 거네."

경매로 집을 사는 나는 '망한 집'을 사는 것이 아니다. 내 분수에 맞는 집, 내 능력에 맞는 집, 내 경제 상황에 맞는 집을 남들과 다른 노력을 통해서 사는 것이다.

"근데 꼭 경매로 사야 되나? 그냥 부동산에서 사면 안 되나?"

앞서도 말했지만 내 경제 상황에 맞는 집을 사야 한다. 부동산 중개업소를 통해서 1000만 원을 가지고 살 수 있는 집은 잘해야 2800만 원짜리 집이다. 일반 대출은 2800만 원의 60% 정도, 1800만 원이기 때문이다. 하지만 경매에서는 7000만 원짜리 집도 살 수 있다. 유찰이 되어 가격이 떨어지기 때문이다. 대출은 떨어진 가격에서 80%를 받을 수 있다. 문제는 서울에서 2800만 원짜리 집을 찾을 수도 없다는 것이다. 하지만 경매를 이용하면 7000만 원짜리 집을 4000만 원에 살 수 있다. 이때 대출을 3200만 원 받을 수 있기 때문이다. 내 돈은 1000만 원이면 가능하다.

아들은 아르바이트로 1년간 1000만 원을 모았다. 그 돈으로 자기 분수에 맞는 집을 사야 한다. 아빠의 경험으로는 경매가 최선이다. 경매에 관한 껄끄러운 감정은 거의 해소됐다는 아들은 혼잣말을 했다.

"그래도 내가 하기엔 좀 맘이 안 내키는데…"

# 아픈 몸을 이끌고
# 출근하는 아들

"아들, 아프면 오늘 쉬지그래?"

피곤한지 눈이 쑥 들어간 아들이 출근 준비를 한다. 속이 안 좋
다며 설사를 한다. 옷을 주섬주섬 입고 가방을 든다. 아프면 하
루쯤 쉬어도 될 텐데 아들은 인사를 꾸벅하고 문을 나선다. 장
하기도 하지만 짠하기도 하다. 속이 안 좋으면 밥을 안 먹는 게
좋지만 빈속에 2시간 지하철을 타고 가야 하는데 더 지칠까 걱
정이 되었다.

며칠이 지난후 컨디션이 좋아진 아들에게 부동산경매가 아직
도 내키지 않는 눈치였지만 다시 이야기를 시작했다.

"아들, 며칠 전 몸이 아팠을 때도 출근을 잘하더라."
"어쩔 수 없잖아, 나가야지."

억지로 나갔단다. 월급을 받으려면 출근을 해야 한단다. 학교 다닐 때도 결석을 하지 않던 아들이었다. 성실한 면은 아빠보다 나은 것 같다.

"월세는 매일 출근하지 않아도 매달 잘 들어와."

눈이 동그래진 아들이 나를 본다. '진짜?'라고 묻고 있다. '당근!' 이라는 답으로 나는 어깨를 으쓱한다. 그래도 직장이 더 안전하게 돈을 번다는 아들의 공격이 시작된다. 나는 직장도 안전하지 않다는 방어를 한다.

- 월세가 안 들어올 수도 있잖아?
- 월급이 안 들어올 수도 있잖아!

- 임차인이 안 들어올 수도 있잖아?
- 직장이 안 잡힐 수도 있잖아!

- 임차인이 갑자기 나갈 수도 있잖아?
- 직장에서 갑자기 쫓겨날 수도 있잖아!

- 집을 사려면 큰돈이 있어야 되잖아?
- 1000만 원만 있으면 돼. 아들은 벌써 600만 원 모았잖아!

- 관리하는 일을 해야 하잖아?
- 한 달에 하루만 하면 돼!

- 그래도 집 사는 일은 어렵잖아.
- 직장 일도 쉽지는 않지. 매일 8시간 일을 하고, 4시간 출퇴근을 하고, 아파도 일해야 하고, 평일엔 아무 데도 못 가잖아!

아들은 더 이상 공격 질문이 생각나지 않는 듯했다. 나는 쐐기를 박았다.

- 월세는 아파서 못 일어나도 들어와!
- 월세는 출근 안 해도 들어와!
- 월세는 놀러 가도 들어와!
- 그리고 집값은 가만있어도 오르지!

우리 대부분은 노동으로 얻은 수익이 값지다고 생각한다. 물론 나도 그렇게 생각한다. 하지만 자본주의 시대에 들어서면서 노동은 여러 가지로 변화했다. 돈은 멈추어 있지 않고 흘러간다.

세상이 변화하면서 자본을 운용하는 노동이 꼭 필요한 시대가 되었다. 몸을 움직이는 노동은 값지다. 정신을 움직이는 노동도 값지다. 하지만 자본을 움직이는 노동도 값지다는 것을 아들에게 꼭 알려주고 싶었다.

아들은 뭔가 생각에 잠긴 듯하다. 나도 말을 끊고 가만히 기다려 주었다. 정적의 시간이 5분쯤 흐른 뒤 아들은 말을 꺼냈다.

"정말 일을 안 해도 돈이 들어와?"

# 월세는 출근하지 않아도
# 매달 들어와!

아들은 먹는 걸 좋아한다. 어릴 때부터 입 짧은 아빠보다 잘 먹었다. 아들이 잘 먹는 걸 보는 나는 왠지 모르게 기분이 좋았다. 베이킹파우더를 넣고 굽는 빵처럼 몽글몽글하게 좋은 기분이 피어올랐다. 이래서 어른들이 '보고만 있어도 배가 부르다'라는 말을 하셨나 보다.

'출근을 안 해도 돈을 번다'는 말에 눈이 동그래진 아들에게 말했다.

"아들, 맛있는 거 먹는 게 좋지?"
"완전 좋지."

대화가 시작됐다. 아들이 좋아하는 '먹는 것'으로 기분 좋게!

"어제도 맛있는 거 먹었고, 오늘도 맛있는 거 먹고, 내일도 맛있는 거 먹으려면 가장 필요한 게 뭘까?"

"돈!"

자신 있게 대답한 아들에게 나는 고개를 저어 보였다.

"식당, 레시피, 요리사, 신선한 재료…"

여러 가지를 대답한 아들에게 다 틀렸다고 말했다.

"그럼 뭔데?"

정말 궁금한 듯 묻는 아들에게 나는 답했다.

"똥 싸는 일이야!"

어이가 없다는 듯 나를 쳐다보는 아들. 조금 생각하더니 반박을 못 하겠던지 고개를 끄덕인다. '먹는 것'은 좋아하는 일이고 '똥 싸는 것'은 좋아하는 일을 하기 위해 꼭 해야 하는 일이다.

모든 일이 그렇다. 원하는 것이 있다면 그것을 얻기 위해 해야 할 일이 있다. '돈 버는 것'을 좋아한다면 거기엔 꼭 해야만 하는 일이 있다.

먹고 싶은 것을 꾸준히 먹기 위해서 하고 싶지 않은 '똥 싸는 일'을 해야 하는 것처럼 월세를 받아 돈을 벌고 싶다면 출근은 하지 않아도 되지만 꼭 '해야 하는 일'이 있다.

'하고 싶은 일'을 해서 돈을 버는 사람도 마찬가지다.
'하고 싶은 일'을 하다 보면 '하기 싫은 일'이 꼭 생기고 그 일이 하고 싶지 않지만 습관적으로 하는 일이 되었을 때 돈을 번다.

아들이 출근하지 않고 돈을 벌고 싶다면 출근하지 않고 다른 일을 해야 한다. 그렇지 않고는 돈을 벌 수 없다.

먹고 싶은 것을 계속 먹기 위해선 반드시 똥을 싸야 하는 것처럼 말이다.

설명을 들은 아들은 말했다.

"출근하는 대신에 무슨 일을 해야 돼?"
"시키는 일을 하지 않고 목표에 맞는 일을 네가 찾아서 해야지."

"어떻게 찾아야 돼?"

"그건 아빠가 차근차근 가르쳐 줄게."

"오케이. 근데 아빠, 아무리 그래도 1000만 원으로 집을 산다는 게 믿기지가 않는데 정말 살 수 있어?"

# 9500만 원짜리 집을 어떻게
# 730만 원으로 사? - 대출

나도 그랬다. 1000만 원으로 집을 산다는 말이 믿기지 않는 아들처럼 나도 심지어 500만 원으로 집을 산다는 유튜브 영상을 처음 보았을 때 너무 충격적이었다. 사기라고 생각했다. 지금 이글을 읽는 분들도 똑같은 생각을 하지 않을까? 그래서 아들에게 이야기했던 내용을 자세히 적어보겠다.

먼저 말하지만 나는 2014년도에 730만 원을 가지고 감정가 9500만 원인 물건을 낙찰받았다. 서울역 뒤 청파동에 위치한 아주 작은 지하 건물이었다.

아들은 2019년도에 1000만 원으로 서울 도봉구 창동에 방 2개짜리 반지하 빌라를 낙찰받았다. 그리고 지금도 서울에 이런 원룸, 빌라, 상가들은 계속 경매 물건으로 나오고 있다.

이렇게 적은 돈으로 서울에 집을 산다는 것이 가능한 이유는 대출 때문이다.

- 집값(감정가): 1억원
- 유찰(최저가): 8000만 원
- 구매 가격(낙찰가): 8000만 원
- 대출 금액: 6400만 원(낙찰가의 80%)

서울에서 1억 원짜리 집이 1번 유찰되면 8000만 원이 된다. 이렇게 유찰된 가격 8000만 원으로 낙찰을 받았다면 낙찰가에 대비하여 대출은 평균 80%를 받을 수 있다. 최고 90%를 받을 수도 있다. 8000만 원의 80%라면 6400만 원을 대출받을 수 있다. 그렇다면 은행은 왜 이렇게 대출을 많이 해주는지 의문이 생긴다.

일반적으로 주거 물건일 경우 은행에서는 매입 시 대출을 감정가의 60% 정도 해준다. 따라서 1억 원짜리 집을 살 때 은행에서 받을 수 있는 대출 한도는 집값의 60%인 6000만 원이다.

이것은 경매를 통해 감정가의 80%로 집을 싸게 낙찰받았을 때 낙찰가 대비 대출 한도 80%인 6400만 원과 거의 비슷한 금액이다. 따라서 경매를 통해 집을 사면 대출을 많이 해준다는 이야기는 집을 싸게 사기 때문에 싼 가격에 대해 상대적으로 대출이 많이 되는 것으로 보이는 것이다.

| | 일반 매매 | 부동산 경매 | 조건 |
|---|---|---|---|
| 제1금융권<br>일반 대출 | 매입가 대비 60% | 거의 안 해줌 | |
| 제2금융권<br>경매 낙찰 잔금 대출 | | 낙찰가 대비 80% | 감정가보다 낮은 가격으로 낙찰됐을 경우 |

\* 경매 낙찰 잔금 대출은 평상시 거래 은행에서 받지 않고 경락 대출 전문 은행에서 받아야 한다. (단위농협, 새마을금고, 수협…)


"아빠, 근데 대출을 많이 하면 힘들지 않을까?"


빚을 지면 이자도 매달 내야 하니까 부담감이 커 너무 힘들다는 생각이었다. 아무튼 빚을 지는 건 안 좋은 거라는 얘길 많이 들었단다.

나도 어렸을 적에 할머니에게 귀가 닳도록 들었다.


"절대로 빚지고 살지 마라! 혹시 돈을 빌리면 바로 갚아라! 빚지면 큰일 난다!"

내 또래의 거의 모두가 어른들께 들었던 소리일 거다. 열심히 일하고 성실하게 일해라. 꼭 내 손으로 벌어서 아껴 쓰고 낭비하지 마라. 맞는 이야기고 옳은 이야기다. 그러나 그 이야기는 내 아버지 시대까지 적용되는 이야기였다.

나는 1971년 돼지띠다. 우리나라 최고의 베이비붐 시대에 태어났다. 세월이 흘러 IMF가 터지고 안정된 직장은 사라졌다. 금융 위기를 겪고 월급으로 서울에 집을 사기는 불가능해졌다.

스무 살이 된 우리 아들은 더더욱 불안한 시대를 살고 있다. 청년들은 일자리를 잡기 힘들다. 아무리 일해도 돈을 모을 수 없는 시대가 되었다고 한다.

하지만 한편에선 '단군 이래 가장 돈 벌기 쉬운 시대'라고도 한다. 당연히 직장을 잡고 살아가는 이야기가 아니다. 아무리 적더라도 사업을 해야 한다는 이야기다. 종잣돈을 모으고 돈을 불리고 그 돈이 돈을 벌어야 된다는 이야기다.

우리는 자본주의 시대에 살고 있다. 자본이 경제의 주인인 시대다. 따라서 자본을 활용하는 법을 배우고 익혀서 경제적 안정을 이뤄야 한다. 이런 이야기들은 참 거창하고 피부에 와닿지 않는다.

"그래서 난 뭘 해야 되는데?"

아들의 말이 맞바로 튀어나온다.

빚에 대한 생각을 바꿔야 한다. 빚을 잘 사용하는 방법을 배워야 한다. 다시 말해서 돈에 대한 생각을 바꿔야 한다. 돈을 잘 사용하는 방법을 배워야 한다.

일단, 돈은 내가 집 안에 쌓아놓는 대상이 아니다. 은행에 쌓아놓는 대상도 아니다.
돈은 내가 사용하는 대상이다. 내가 사용하면 나에게 이득을 가져다주는 대상이다.

돈이 없었던 시대를 예로 들어보자.
어떤 사람이 사냥을 잘해서 짐승을 많이 잡았다. 일주일이 지나면 고기는 썩기 시작한다. 그래서 먹을 것을 남기고, 놔두면 썩을 수밖에 없는 고기는 처분해야 한다. 그냥 버리기는 아까우니까 다른 물건과 바꿔야 한다. 어쩔 수 없는 상황이라서 고기를 꼭 처분하는 게 이익이다.

돈도 고기와 마찬가지다. 단지 고기보다는 유통기한이 조금 더 길다고 보면 된다. 돈을 쌓아놓기만 하면 고기가 썩듯이 돈도 값어치가 계속 떨어진다. 그래서 고기를 처분하는 것처럼 돈도 꼭 처분하는 게 좋다. 돈을 잘 처분하면 그 돈은 새끼를 쳐서 나에게 돌아온다.

다른 예를 하나 더 들어보자.
그래도 돈을 쌓아놓고 있어야 좋을 거 같다고 말하는 사람이 있다면 묻고 싶다.

"돈을 제일 많이 쌓아놓고 있는 곳이 어딘가?"

그렇다. 은행이다. 돈을 무더기로 쌓아놓고 있다. 은행은 그 돈으로 무엇을 하는가? 쌓아놓기만 하면 은행은 곧 망한다. 절대로 쌓아놓지 않고 돈을 사용한다. 돈을 사용하면 할수록 돈이 많아지는 방법이 있기 때문에 그렇게 하는 것이다. 정말로 돈이 많은 사람들과 기관들은 돈을 사용하는 방법을 알고 한순간도 쉬지 않고 움직이고 있다.

"나는 돈이 많지 않은데… 적은 돈은 어떻게 사용해야 돼?"

돈을 사용하는 가장 좋은 방법은 땅을 사는 것이다. 예나 지금이나 동양이나 서양이나 땅을 차지한 사람은 안정된 삶을 살았다. 그리고 돈을 많이 번 사람은 모두가 땅을 산다. 우리나라 연예인들만 봐도 알 수 있다.

불규칙적인 수입으로 많은 돈을 벌었을 때 사업을 한 연예인들은 거의 망했다. 하지만 욕심 부리지 않고 세금을 다 내면서도 비싸다는 부동산을 산 연예인들은 세월이 흐른 뒤에 여유 있는 생활을 한다. 연예인 수입이 없더라도 말이다.

투기를 하라는 말이 아니다. 자신이 감당할 수 있는 만큼의 땅을 사라는 말이다. 5평도 좋고 10평도 좋고 20평도 좋다. 욕심 부리지 않고 자신에게 알맞은 땅을 가지면 땅주인에게는 안정감이 생긴다. 땅에 대한 인식을 엄마, 아빠의 품처럼 생각하면 좋겠다.

하지만 사람들이 돈을 사용하는 데 문제가 있다. '사용할 돈이 없다'는 것이다. 이 문제는 위에 얘기한 사냥꾼을 생각해 보면 풀릴 수 있다. 사냥꾼이 젤 먼저 한 일은 사냥을 잘한 것이다. 그래서 여유 있게 먹고도 남을 짐승을 잡은 것에서 시작된다.

'돈이 없다'고 말하는 사람이 제일 먼저 할 일은 최소한의 일상생활이 가능한 돈을 버는 것이다. 아들은 이 금액이 50만 원이라고 했다.

집은 부모 집에서 산다. 알바해서 번 돈 150만 원에서 교통비, 식비, 핸드폰비, 용돈을 합해서 50만 원으로 생활을 할 수 있다.

사냥꾼이 먹고 남은 고기를 처분하듯이 1년간 모은 1000만 원으로 자기 분수에 맞는 땅을 샀다. 반지하 빌라에 딸린 대지권을 산 것이다. 물론 대출을 최대한 받았다. 대출이 무서운 것은 나도 안다. 하지만 대출, 즉 빚을 친구로 만드는 방법이 있다.

첫째, 친구처럼 정성스러운 마음으로 빌린 돈을 대하는 것이다. 소중한 친구를 함부로 대하지 않듯이 말이다.

둘째, 친구가 나에게 호의를 베풀 때 고맙게 받듯이 대출을 받으면 된다.

셋째, 친구에게 고마운 마음으로 밥을 사주듯이 정기적으로 이자를 내면 된다.

넷째, 내가 괜찮은 놈이면 많은 친구를 사귈 수 있듯이 내가 빚을 진정한 친구로 대하면 대출도 많이 받을 수 있다.

---

\* **대지권**: 건물의 구분소유자(區分所有者)가 전유부분(專有部分)을 소유하기 위하여 건물의 대지에 대하여 가지는 권리.

빚을 원수로 여기는 사람들은 빚을 얻어서 탕진한 사람들이다. 돈을 빌려 놀음을 하거나, 뽐내고 싶어 명품을 사거나, 욕심이 과해 사기를 당한 사람들은 돈을 빌려 인생을 망치고 가정을 망친다.

빚을 친구로 여기는 사람들은 빚을 얻어서 활용한 사람들이다. 친구를 진심으로 대하듯이 빚을 진심으로 대해라. 돈을 빌려 안락한 집을 사거나, 수익을 더 낼 수 있는 기계를 사거나, 좋은 회사에 투자해 이익을 서로 나누는 사람들은 돈을 빌려 인생을 살리고 가정을 살린다.

아들에게 빚에 대해서 마지막으로 말했다.

"빚을 얻어서 이자로 내는 돈보다 더 많은 돈을 벌 수 있다면 그 빚은 꼭 친구로 만들어야 돼."

아들은 기분이 좋아진 듯 얼굴이 환해졌다.

"그럼 이자를 내고도 돈이 남는 집을 사야겠네."

# 돈 되는 집 고르는 방법 (1)
## - 물건 검색

해가 어슴푸레 넘어가고 있다. 저녁 7시, 찌는 듯한 열대야는 한 걸음 물러났고 간간이 시원한 바람이 불어왔다. 아들과 만나기로 한 곳은 신림동이다. 신림동 순대타운 맛집을 발견한 아들은 아빠에게 저녁을 사주고 싶단다. 이제 돈 벌어서 아빠에게 밥도 사는 아들이다. 기분이 좋다.

화려한 간판들이 즐비한 거리엔 젊은 친구들이 넘쳐난다. 웃으며 친구를 반기는 환한 얼굴들을 보고 있자니 덩달아 나도 생기가 도는 느낌이다. 아들 모습이 보이자 내 얼굴에 환하게 번지는 미소를 아들은 못 봤으리라.

어느 날 아들은 직장 근처에서 자취를 하고 싶다고 말했다. 군대 가기 전에 독립생활을 해보고 싶단다. 출퇴근이 힘들다는 것을 알기에 나는 좋은 생각이라고 말했다. 집에서 다니면서 1년 넘게 매월 100만 원을 저축했고 아빠와 약속한 1000만 원을 빼면 보증금이 조금 모자란다고 말했다. 모자란 보증금은 아빠가 빌려줄 수 있다. 단, 보증금을 돌려받을 때 꼭 갚는 조건을 달았다. 독립을 하려는 아들은 한껏 들떠 보였다.

"혼자 살면 수돗물도 돈이야. 100만 원씩 저금할 수 없을 텐데?"

50만 원이라도 저금하면서 아껴 쓰겠단다. 원룸을 보러 다니는 건 자기가 알아서 할 수 있는데 집 계약할 때는 아빠가 같이 가서 도와줄 수 있냐고 물었다. 당연히 아빠가 계약하는 자리에 가서 계약서 작성법과 유의사항을 알려줄 것이다. 집을 보러 다닐 때도 물이 잘 나오는지, 물이 잘 빠지는지, 환기는 잘되는지, 습기는 없는지… 등을 잘 살펴야 한다고 수시로 알려줬으니 잘 할 것이다.

"아빠, 일찍 오셨네요?"

씩씩한 아들의 목소리가 반갑다.

원룸을 얻고 나가 살고 있는 아들은 또 다른 모습이다. '얘가 더 컸나?' 어른스러운 말투와 행동이 약간은 낯설다. 이렇게 아들은 차근차근 아빠 품에서 아빠 옆으로 옮겨가고 있다. 좋으면 서도 어색한 느낌이 교차한다.

"여기 순대볶음 2인분 주세요."

주문하는 목소리도 묵직한 것이 제법 어른이다.
"아빠, 여기 정말 맛있어"라며 자랑스러운 듯 말한다. 아빠에게 맛있는 음식을 사주는 것이 뿌듯한 거 같다.

'그래, 오늘 아들이 사주는 맛있는 밥을 먹어보자!'

아들은 어릴 때부터 주변 사람들에게 뭐든지 사주는 것을 좋아했다. 그래서 어릴 때는 돈을 모으지 못했지만 만족감은 많이 모은 듯하다. 그리고 그 만족감을 계속 만들어 나가고 싶어하는 거 같다.

매콤한 순대볶음을 반쯤 먹었을 때 아들이 물었다.

"어떻게 돈 되는 물건을 골라요?"

스무 살 독립생활을 시작하는 원룸 계약서를 작성하고
아들이 사주는 저녁을 먹으면서

이제부터 뭘 해야 하는지를 생각해 봤다고 했다. 돈 되는 물건!
이걸 잘 골라야 돈을 벌 거 같다고 말했다. 아들은 월세를 받기
로 마음을 굳힌 것이다. 이제는 방법에 대해 묻고 있다. 나는 신
이 나서 대답한다.

돈 되는 물건을 고르는 방법은 간단하다. 물건을 많이 보면 된
다. 사과장수 아저씨가 지나가다 보이는 사과가 '맛있다, 맛없
다'를 판별할 수 있는 것은 사과를 많이 봤기 때문이다. 재밌는
드라마를 고르려면 당연히 드라마를 많이 보면 된다. 보는 과정

에서 재미있는 드라마와 재미없는 드라마가 자연스럽게 골라지기 때문이다. 이렇게 많이 보려면 시간이 필요하다.

부동산도 마찬가지다. 돈 되는 집을 고르려면 집을 많이 보면 된다. 돈 되는 상가를 고르려면 상가를 많이 보면 된다. 돈 되는 땅을 고르려면 땅을 많이 보면 된다. 여기엔 시간이 필요하다.

일반적으로 사람들은 집을 살 때 돈 되는 집을 사지 않는다. 가족이 살 집을 산다. 돈 되는 집과 가족이 살 집은 완전히 다른 생각을 가지고 접근해야 한다.

앞에서도 얘기했지만 경매로 지하 빌라를 사려는 사람은 없다. 왜일까? '나는 이런 데서 못 살아' 또는 '나는 이런 집 갖기 싫어, 보기도 싫어'라고 생각하기 때문이다. '집은 이런 거야', '집은 이래야 돼'라는 생각으로 집을 보기 때문이다. 이것은 돈 되는 집을 사려는 생각이 아니다. 이 생각을 바꾸지 않는 한 돈 되는 집은 보이지 않는다.

사과장수 아저씨는 1,000원짜리 사과와 5,000원짜리 사과, 10,000원짜리 사과를 판다. 돈 되는 사과를 고른다면 어떻게 하겠는가? 1,000원짜리 사과를 500원에 사면 돈 되는 사과다. 5,000원짜리 사과를 3,000원에 사면 돈 되는 사과다. 10,000원짜리를 7,000원에 사면 돈 되는 사과다. 항상 10,000원짜리 사과만 팔던 사람이 5,000원짜리 사과를 팔면 성에 안 찬다. 1,000원짜리 사과는 사과라고 생각하지도 않는다. '그런 건 못 팔아'라고 생각한다. '그런 건 팔기 싫어, 보기도 싫어'라고 외친다. 생각이 바뀌지 않는 한 1,000원짜리 사과로 돈을 벌지 못한다. 물론 10,000원짜리 고급 사과로만 장사를 해서 돈을 벌어도 된다. 중요한 것은 내가 장사를 할 때 자본금이 많지 않기 때문에 1,000원짜리 사과를 팔 수밖에 없다는 것이다.

나는 돈이 없어서 경매를 시작했다. 아들도 1000만 원을 가지고 월세 받는 집을 사고 싶어 한다. 이 돈으로 돈 되는 물건을 잘 골라야 한다. 하지만 분명히 아들 마음에 탐탁지 않은 집을 사게 될 것이다.

설명을 듣고 난 아들이 묻는다.

"내가 집을 많이 보러 다녀야 돼? 난 알바해야 하는데?"

"기본이 그렇다는 거야. 아빠가 너에게 알맞은 방법은 알려줄게. 하지만 기본은 확실하게 알고 넘어가야지. 앞으로 네가 돈 되는 물건을 고르는 능력을 갖고 싶다면 그 종류의 물건들을 많이 봐야 하는 거야."

## 부동산경매에서 돈 되는 집을 고르는 2단계 실행 방법을 알아보자.

1단계 **내가 가진 돈을 확인해라.**

지금 당장 쓸 수 있는 돈이다. 우리 아들은 현재 1000만 원을 가졌으니 그 돈으로 살 수 있는 물건을 골라야 한다.

(1)  내가 가진 돈: 1000만 원

(2)  내가 경매로 살 수 있는 집: 4000만 원

(3)  이 집의 감정가: 약 6000만 원

 *  여기서 중요한 점은 경매로 집을 살 때 감정가 대비 약 30% 이상 싸게 집을 살 수 있다는 점이다.

(4)  대출받을 수 있는 돈: 3200만 원(4000만 원에 대한 80%)

(5)  세금/명도/수리비: 160만 원(4000만 원에 대한 4%)

내가 가진 돈 1000만 원(1)으로 살 수 있는 집은 감정가 6000만 원(3) 정도의 집이다. 그집을 경매유찰가격 4000만 원(2)으로 살 수 있다. 왜냐하면 4000만 원에 대한 대출을 80%, 즉 3200만 원(4)을 받을 수 있기 때문이다. 이때 발생하는 취등록세와 명도비, 수리비를 4000만 원의 4%로 잡으면 되는데 그 금액은 160만 원(5)이 된다.

계산해 보면 1000만 원으로 4000만 원짜리 집을 사면 내 돈은

800만 원이 들어간다. 세금과 명도, 수리비를 160만 원으로 잡으면 40만 원이 남고 이 금액은 비상 자금으로 활용하면 된다. 경매물건을 검색할 때는 금액을 설정해서 검색할 수 있으니 5000만 원 이하의 물건들을 검색한다. 감정가 5000만 원 이하의 물건을 검색하는 이유는 이 물건들이 유찰되었을 때 4000만 원 이하로 떨어지기 때문이다. 하지만 서울에선 감정가 5000만 원 이하의 물건이 거의 없다. 이럴 땐 1억 원 이하의 물건을 검색하고 계속해서 유찰되는 물건을 주시해야 한다.

출처: 탱크옥션

**[검색 조건]**

1. '주소 선택'은 서울로 한다. 최저가 4000만 원 이하의 물건은 거의 없기 때문에 그다음 순서는 인천으로 한다.
2. '물건 종류'는 다세대주택으로 한다. 우리가 흔히 알고 부르는 '빌라'는 다세대주택에 속한다.
3. '감정 가격'은 5000만 원에서 시작할 수 있다. 서울에서는 그 이하 가격을 찾기가 어렵기에 1억 원부터 시작한다.
4. '최저 가격'은 4000만 원에서 시작하고 1000만 원씩 올리면서 검색한다. 검색에 숙달되면 감정 가격만 입력하고 진행한다.

   * 1000만 원 이하의 돈으로 시작하고 싶다면 지역은 인천을 추천한다. 수도권이라 인구 유입이 많고 일자리 또한 풍부하다. 나도 처음 낙찰은 인천 빌라를 받았다. 이후 서울 지역을 꾸준히 검색한 결과 낮은 입찰 가격으로 낙찰을 받았다.

나중에 아들이 돈을 더 벌어서 2000만 원을 가지고 있다고 치면 얼마짜리 집을 살 수 있을까? 위와 같은 방식으로 계산하면 된다.

(1) 내가 가진 돈: 2000만 원
(2) 내가 살 수 있는 집: 8000만 원
(3) 이 집의 감정가: 약 1억 2000만 원
  * 여기서 중요한 점은 경매로 집을 살 때 감정가 대비 약 30% 이상 싸게 집을 살 수 있다는 점이다.
(4) 대출받을 수 있는 돈: 6400만 원(8000만 원에 대한 80%)
(5) 세금/명도/수리비: 320만 원(8000만 원에 대한 4%)

내가 가진 돈 2000만 원(1)으로 살 수 있는 집은 8000만 원(2)짜리 집이다. 왜냐하면 8000만 원에 대한 대출을 80%, 즉 6400만 원(4) 받을 수 있기 때문이다. 이때 발생하는 취등록세와 명도비, 수리비를 8000만 원의 4%로 잡으면 되는데 그 금액은 320만 원(5)이 된다.

계산해 보면 2000만 원으로 8000만 원짜리 집을 사면 내 돈은 1600만 원이 들어간다. 세금과 명도, 수리비를 320만 원으로 잡으면 80만 원이 남고 이 돈은 비상 자금으로 활용한다.

경매로 검색할 때 1억 5000만 원 물건들을 검색하면 된다. 유찰되는 상황을 생각해서 말이다.

이런 방법이 내가 가진 돈으로 집을 살 수 있는 공식이다.

아무리 경매라도 서울에서 4000만 원짜리 집을 찾는 것은 어려운 일이다. 그렇기에 꾸준히 경매 물건을 매일 20분 정도씩 보는 게 중요하다. 사과장수 이야기에서도 말했듯이 물건을 많이 봐야 한다. 이 부분을 많은 사람이 실행하지 못한다. 돈을 버는 가장 단순하고 중요한 일인데 말이다. 그리고 서울에 물건이 별로 없으면 인천광역시를 검색하고 그다음은 경기도를 검색하면 된다.

나는 감정가 9500만 원짜리 집을 4865만 9000원에 낙찰받고 90%의 대출을 받아서 내 돈은 약 730만 원이 들었다. 물론 2014년도 일이다(뒤에서 자세히 설명한다).

하지만, 다음 그림처럼 지금도 물건은 나오고 있다.
서울특별시 서대문구에 위치한 반지하 빌라가 2022년 8월 30일에 낙찰되었다. 5389만 원에 낙찰된 이 집은 대지권이 6평이 넘는다. 땅값으로 보자면 1평당 900만 원이 못 되는 가격으로 낙찰자가 매입한 것이다.

매우 저렴하게 구입한 좋은 예이다.

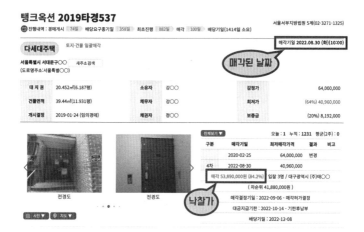

출처: 탱크옥션

2022년 8월 30일 약 5,400만 원에 낙찰된 경매 물건.
서울시 서대문구 위치. 대지권 6평

물건이 좋고 나쁘다는 것을 판별하는 것은 대단히 중요한 일이다. 사과장수 아저씨가 좋은 사과와 나쁜 사과를 구별할 수 있는 것은 구별 기준을 이미 알고 있기 때문이다. 드라마가 재미있고 재미없고를 판별하는 사람도 자신만의 기준을 이미 갖고 있기 때문이다.

그렇다면 돈이 되는 집과 돈이 안 되는 집을 판별하는 기준을 우리 아들은 알고 있을까? 없을 것이다. 그 기준을 만드는 것은 매우 중요하고 앞으로 항상 써먹어야 하는 실행 포인트다.

이 엄청나게 중요한 기준을 잡는 데 필요한 것이 현재 내가 살고 있는 집 주변과 비교하고, 살고 있는 건물과 비교해 보는 것이다.

아들이 사는 동네는 어디야?

신림동.

살기는 편해?

응.

뭐가 제일 편해?

회사가 가깝지.

그렇지. 그래서 일자리가 많은 곳 주변의 집은 좋은 거야. 또 좋은 게 뭐가 있어?

지하철.

그렇지. 교통이 편한 곳에 있는 집은 좋은 거야. 또 좋은 건?

배달이 잘돼.

요즘은 배달이 웬만해선 다 잘되지. 물건을 살 수 있는 장소, 즉 마트나 시장이 주변에 있으면 좋은 집이지. 그리고 주변에 학교가 있나?

웅, 서울대학교.

그렇지. 대학교가 있으면 좋고 초등학교, 중학교, 고등학교가 근처에 있으면 좋은 집이야.


경매에서 가격을 보고 골라낸 집 주변에

사무실, 공장 등 일자리가 많으면 좋고, → 직장

지하철이나 버스정류장이 있으면 좋고, → 교통

큰 마트나 시장이 있으면 좋고, → 쇼핑

학교가 있으면 좋은 집이다. → 교육


아들 원룸은 몇 평이야?

4평이라고 하던데?

계약서에 보면 전용면적이 적혀 있어. 내가 살고 있는 공간의 면적이고 제곱미터(㎡)로 표시하지. 1평이 3.3058㎡니까 4평이면 3.3058을 곱해서 13.22㎡가 되네.

혼자 살기는 좁지 않아?

아니 괜찮은 거 같아.

5평이라면 어떨 거 같아?

넓어지니까 좋지.

3평이라면 어떨 거 같아?

좁아서 불편할 거 같은데….

그래. 그러면 혼자 살기에 전용면적이 5평이면 좋은 거라고 정해보자. 방은 하나지?

응.

방이 2개면 어떨 거 같아?

잠자는 방과 거실이 분리돼 있으면 너무 좋지.

보통 8평 이상 되는 곳이 방과 거실이 분리돼 있는 투룸이지. 당연히 원룸보다는 비싸지.


그 다음 검색할 때 가장 중요한 부분은 대지권이다. 내가 항상 얘기했다. 땅을 사야 한다고. 빌라처럼 여러 집이 붙어 있는 공동건물에서 하나의 집을 사면 당연히 땅이 붙어 있다. 특별한 경우를 제외하고는 말이다. 이 땅을 대지권이라고 부른다.

"아들이 월세로 사는 집은 원룸이 여러 개 있지?"

"응, 많이 있지."

"그 집은 다가구라고 해서 건물의 주인이 한 사람이야. 원룸 하나를 쪼개서 팔지 않는 집이야."

우리가 사려고 하는 집은 일반적으로 빌라라고 부른다. 한 건물에 여러 집이 붙어 있어서 주인도 여러 명이다. 이런 집을 다세대라고 부르고 한 집마다 대지권이 포함되어 있어서 집을 사면 땅을 사게 된다.

경매로 물건을 검색할 때 내가 사용할 수 있는 면적인 전용면적을 잘 봐야 한다. 그리고 가장 중요한 대지권의 크기를 확실히 따져봐야 된다. 이왕이면 땅을 많이 사면 좋기 때문에 대지권이 넓은 집을 사야 된다. 그 이유는 나중에 재개발이나 재건축을 할 때 아파트 분양권을 받을 수 있기 때문이다. 너무 작은 대지권으로는 현금 청산이 되는 경우가 있다. 약 5평 이상의 대지권은 안정적으로 분양권을 받을 수 있다. 하지만 서울의 중심부에서는 그보다 적은 대지권으로도 분양권을 받는다.

맛있는 순대볶음에 추가한 곱창과 볶음밥까지 먹으면서 이야기를 계속 이어나갔다.

잠시 아들의 표정을 살폈다. 너무 많은 말을 해서 아들이 짜증

난 건 아닌지. 얘기를 다 듣고 이해는 한 건지. 잘 모르는데 아빠가 얘기하니까 그냥 들어준 건지. 건성으로 듣는척 하며 밥만 먹고 있는 건 아닌지. 마지막 정리까지 해줬는데 이젠 알아듣고 실행을 할는지….

숟가락을 놓으면서 아들은 말했다.

"알았어요. 아빠! 경매 사이트에서 검색 조건을 네 가지로 하면 되는 거죠? 지역은 서울, 감정가는 1억 원 이하, 최저가는 4000만 원 이하, 주택 종류는 빌라. 이렇게 해서 물건을 찾으란 말이네. 찾아보고 아빠한테 말씀드릴게요."

오, 드디어 아들은 알아들었다. 기분이 좋아진 반면 한편으로는 걱정도 된다.

'잘할 수 있을까?'
'잘해야 할 텐데….'
'못해도 어쩔 수 없지.'
'잘하지 못해도 너무 밀어붙이지는 말자.'

며칠 후, 아들이 경매 사이트를 검색해서 찾은 물건을 프린트해 왔다. 아빠가 말했던 '돈이 되는 물건'이라면서…. 하지만 '첫술에 배부를 수 있겠는가?' 아들이 골라온 물건은 돈이 안 되는 물건이었다. 여러 번을 반복해서 찾고 또 찾았다.

"아빠, 요 물건 찾았는데 이제 살 수 있는 거지?"

자, 이제 아들이 찾은 물건을 가지고 얘기해 보자.

먼저, 1000만 원을 가지고 돈 되는 집을 고르는 방법 2단계를 진행해보자.

**1단계**   내가 가진 돈을 확인하라 ⇒ 내가 가진 돈은 1000만 원

**종합검색 화면에서 다음 세 가지를 선택한 후 검색한다.**

**1. 주소 :** 서울

**2. 물건 종류 :** 다세대주택

**3. 감정 가격 :** 1억 원 이하

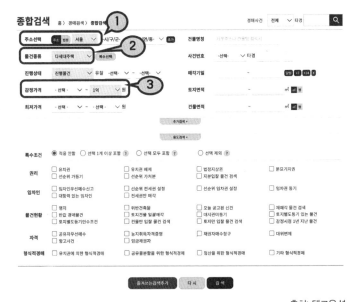

경매 정보 유료사이트 검색 조건

출처: 탱크옥션

이 세 가지 조건으로 검색을 해서 아들이 찾은 물건은 서울 도봉구 창동에 있는 다세대주택이다. 반지하 빌라이고 감정 가격은 8500만 원이다.

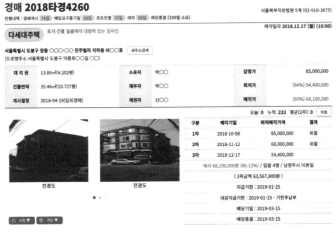

**경매 2018타경4260**

진행내역: 경매개시 `74일` 배당요구종기일 `98일` 최초진행 `70일` 매각 `88일` 배당종결 (330일 소요)

서울북부지방법원 5계 (02-910-3675)

매각일자 2018.12.17 (월) (10:00)

**다세대주택** 토지·건물 일괄매각 대항력 있는 임차인

서울특별시 도봉구 창동 ○○○-○○ 진주빌라 지하층 비○○호   새주소검색
(도로명주소:서울특별시 도봉구 덕릉로○○길 ○○)

| 대 지 권 | 13.89㎡(4.202평) | 소유자 | 박○○ | 감정가 | 85,000,000 |
| 건물면적 | 35.46㎡(10.727평) | 채무자 | 박○○ | 최저가 | (64%) 54,400,000 |
| 개시결정 | 2018-04-19(임의경매) | 채권자 | 신○○ | 매각가 | (80%) 68,100,000 |

오늘: 0  누적: 232  평균(2주): 0   차트

| 구분 | 매각기일 | 최저매각가격 | 결과 |
| --- | --- | --- | --- |
| 1차 | 2018-10-08 | 85,000,000 | 유찰 |
| 2차 | 2018-11-12 | 68,000,000 | 유찰 |
| 3차 | 2018-12-17 | 54,400,000 | |

매각 68,100,000원 (80.12%) / 입찰 4명 / 남양주시 이원일

( 2위금액 63,567,800원 )

지급기한 : 2019-01-25

대금지급기한 : 2019-01-25 · 기한후납부

배당기일 : 2019-03-15

배당종결 : 2019-03-15

전경도        전경도

사진 ▼      지도 ▼

출처: 탱크옥션

**돈 되는 집의 기준과 비교해라.**

1단계에서 찾은 빌라를 네이버지도에서 검색하여 주변을 살핀다.

1. 주변에 일자리가 많은가? ①

2. 교통(지하철)이 편리한가? ②

3. 주변에 시장(마트)이 있는가? ③

4. 어떤 학교가 있는가? ④

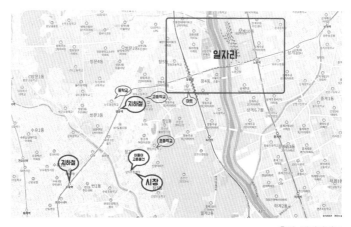

출처: 네이버지도

주변 지역 검색

① 지도에 표시된 일자리 지역은 창동, 상계 도시재생활성화 사업을 추진하고 있다. 신경제 중심지로 개발하고 있다(한국경제 2017. 2. 16). ② 아들이 고른 물건지에서 지하철 4호선 수유역이 도보 17분 거리에 있다. ③ 시장은 바로 옆에 있고 이마트는 자동차로 9분 거리, ④ 초등학교는 도보 12분 거리다. 위치가 너무 좋다.

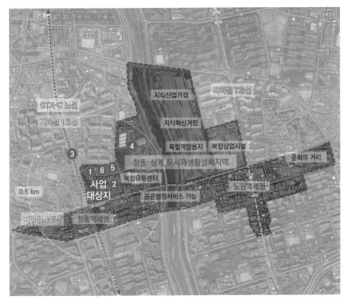

출처: 서울특별시고시 (제2017-77호, '17.03.02.)

수도권 동북부 480만의 일자리·문화 중심『창동·상계 新경제 중심지』비전에 따른
창동·상계 도시재생활성화계획 고시

# 돈 되는 집 고르는 방법 (2)
## - 시세 조사

아들이 찾은 서울 도봉구 창동에 있는 빌라는 수많은 물건 검색과 그에 대한 시세 조사를 하고 얻은 결과였다. 종잣돈 1000만 원을 모은 후에 약 2년간 찾은 물건이다. 경매로 좋은 물건을 낙찰받는 일은 결코 쉽지 않지만 아들은 묵묵히 그리고 하나씩 해나갔다.

내가 경매를 하면서 가장 힘든 부분은 시세 조사를 하는 일이었다. 부동산에 가격을 묻고 또 물어도 아파트를 제외한 물건의 가격은 쉽게 알 수가 없다. 특히 적은 돈으로 사려는 반지하 빌라의 경우는 더욱 그렇다. 아들이 처음 시세 조사를 할 때 알려줬던 내용을 적어본다.

경매 물건 검색을 하던 초창기에 아들은 좋은 물건을 찾았다고 기뻐하며 말했다. 1억짜리 물건을 4000만 원 이하에 산다는 생각에 벌써 돈을 벌었다는 생각이 든단다. 나는 아들의 기분 좋은 마음에 찬물을 쫙 끼얹었다.

"그 물건은 1억 원짜리 집도 아니고 넌 4000만 원에 사지도 못 해!"
"왜? 아빠가 '돈 되는 집을 고르는 법'대로 물건을 검색했는데 왜 못 사?"

경매에 공시되어 있는 '감정가'는 집의 실제 가격이 아니다. 이 말에 이의를 제기하는 분들이 계실 테지만 사실이 그렇다.

생각해 보자. '감정가'가 정확한 가격이라면 사람들이 그 가격 대로 돈을 지불하고 사야 하는 것 아닌가? 하지만 경매에선 정확한 감정 가격에 낙찰되지 않는다. 감정가보다 대부분 낮은 가격에 낙찰된다. 또 정말 좋은 물건은 감정가보다 훨씬 높은 금액에 낙찰된다. 이것으로 우리가 알아야 하는 점은 가격은 고정되어 있지 않고 움직인다는 사실이다. 매우 중요한 점이다.

아들이 고른 집은 '감정가'가 1억 원이라고 했다. 그러니 4000만 원인 '최저가'로 사면 6000만 원을 번다. 그래서 아들은 기분이 들뜬 것이다. 나는 물었다.

"아들, 1억 원짜리 집을 4000만 원에 샀으면 그 집 값은 1억
원이야? 아니면 4000만 원이야?"

아들은 1억 원이라고 했다. 그렇다면 분명 1억 원을 주고 샀어
야 한다.
왜 4000만 원만 주고 그 물건을 샀는가? 1억 원짜리 집의 값어
치가 4000만 원으로 떨어진 것 아닌가?
아들은 아니라고 우긴다. 1억 원짜리 물건을 4000만 원에 샀으
니 6000만 원의 이익을 봤다고 한다. 그래서 좋단다.
알겠다. 그러면 '4000만 원에 산 집을 1억 원에 팔 수 있나?'고
물었다.
6000만 원의 이익을 남기고 그 물건을 되팔 수 있다면 아빠가
깔끔하게 인정한다고 말했다.

아들은 곧바로 대답을 못 한다. 생각을 하는 듯하다. 아마 혼자
서 이런 생각을 할 거다.

'어떻게 팔지?'
'1억 원에 팔릴까?'
'누가 이 집을 살까?'
'좀 싸게 팔아야 팔리지 않을까?'

생각 중인 아들에게 나는 말했다. 이 집을 1억 원에 되팔 수 있는지는 그 집 주변에 있는 부동산 중개업소에 알아봐야 한다. 전화를 이용해 알아본다. 아르바이트를 하는 아들은 시간이 없기 때문에 방문해서 알아보는 것은 비효율적이다.

아들이 '돈 되는 물건'이라고 고른 집은 반지하에 방 1칸, 작은 거실에 주방이 붙어 있는 집이다.

며칠 후 아들은 맥이 빠진 목소리로 이야기했다.

"아빠, 나 그 집 안 살래."

부동산에 전화했더니 그런 집은 팔리지 않는단다. 아무리 잘 팔아도 5000만 원 밖에 못 받는단다. 반지하는 사면 큰일 난다고 걱정해 주는 부동산 사장님도 계셨단다. 절대로 1억 원에 팔수 없다고, 근래에 그런 가격에 매매된 적이 없다고 했다.

기가 죽은 아들을 보니 내 맘도 편치 않다. 나는 이미 이렇게 될 줄 알고 있었다. 나도 똑같은 상황을 겪었기 때문이다. 나는 아들에게 또 다른 방법을 알려줬다. 내가 집을 파는 가격을 알아보는 것이 아니라 비슷한 조건의 집을 사려면 얼마가 있어야 하는가를 알아보라는 것이다.

"아빠, 8000만 원이래. 반지하이고 방 1개 있는 집이야. 그리고 1억 4000만 원짜리 집이 있는데 그 집은 방이 2개래."

아들은 신이 났다. '감정가' 1억 원은 아니지만 8000만 원 정도로 집을 팔 수 있다는 기대감이 생겼기 때문이다. 나는 아들에게 이제는 30군데 이상 부동산에 전화를 해서 더 많은 정보를 얻어야 한다고 했다.

- 주인이 팔려고 내놓은 물건이 더 있는지를 알아본다.
- 내 물건과 어떤 점이 차이가 있는지 알아본다. 예를 들면 위치, 전용면적, 대지권면적 등등…
- 그 차이점에 대한 가격 차이가 있는지 따져본다.

놀란 아들은 '그렇게 많이 전화를 할 필요가 있을까?'라고 되물었지만 그렇게 하는 것이 4000~6000만 원을 버는 길이라고 말해주었다. 우리는 누구나 알고 있다. 쉽게 돈을 벌 수는 없다는 것을 말이다.

"아들, 너 핸드폰 살 때 한두 번 보고 바로 사니?"
"아니지, 친구 것도 보고, 인터넷도 보고, 매장 가서 보고, 더 싸게 살 수 있는지 검색도 많이 하지."

아들은 이제 알바를 해서 돈을 벌기에 100만 원짜리 핸드폰으로 바꾸려고 한다. 하물며 100만 원짜리 핸드폰도 30번 이상 물건을 조사하면서 정보를 얻는다.

아들이 사려고 하는 이 집은 4000만 원짜리다. 아니, 8000만 원짜리다. 핸드폰보다 40배가 비싼 물건이다. 40배 이상 조사하지 않더라도 최선을 다해야 한다. 후회하지 않고 물건을 사기 위해서 더 많은 정보를 얻는 게 돈을 버는 일이다.

부동산경매로 돈을 버는 일 중에서 '시세 조사'는 많이 하면 할수록 좋다. 내가 고른 집이 얼마에 거래되는지를 알아내는 것이 쉬운 일은 아니다. 하지만 꾸준히 계속해서 알아보는 것이 제일 중요하다.

"아빠, 이제 집값을 알았으니까 바로 입찰하면 되지?"

# 낙찰 가격
# 어떻게 정해야 돼?

아들은 이제 마음이 급하다. 빨리 돈을 벌고 싶은 마음일 것이다. 적은 돈도 아니다. 몇천 만 원을 싸게 살 수 있다는 꿈같은 생각이다. 입찰만 하면 내 것이 될 것 같은 확신을 하고 있는 아들에게 물었다.

"입찰 금액을 얼마로 쓸 거야?"

당연히 경매니까 최저가보다 조금만 높게 쓰면 될 거 같단다. 하지만 이런 생각은 완전 오류다. 대부분의 사람이 이런 오류로 낙찰을 받지 못하고 시간만 허비하는 경향이 있다. 경매를 시작한 초기의 나도 같은 오류를 범했었다.

경매를 시작하는 대부분의 사람은 시간순으로 두 가지 오류를 범한다.

첫 번째 오류는 낙찰가를 낮게 써서 계속 패찰하게 된다는 것이다. 누구나 경매를 처음 하게 되면 최저가에서 조금 높게 입찰가를 쓰게 된다.

두 번째 오류는 계속 패찰을 하는 사람은 낙찰을 받고 싶은 마음에 높은 가격에 입찰하게 된다는 것이다. 당연히 낙찰을 받고 기뻐하지만 곧 너무 비싼 가격으로 낙찰받은 사실을 알게 된다.

나도 경매 초기에 이 두 가지 오류를 범했다. 처음엔 여러 번 떨어졌고 내 인생 최초의 낙찰은 입찰 경쟁자보다 한참 높은 금액으로 낙찰받았다. 낙찰의 기쁨보다는 2등과의 격차로 낙심했다. 낙찰을 못 받아도, 낙찰을 받아도 경매와 멀어지게 만드는 두 가지 오류는 경계의 대상이다.

내가 아들에게 전하고 싶은 말은 초보자의 오류를 피하도록 만드는 방법이 아니다. 아이가 걸음마를 배울 때 넘어지는 오류를 겪지 않으면 배울 수 없다. 부동산경매를 배우는 사람으로서 경매의 두 가지 오류도 겪어야만 하는 과정이다. 다만 이 오류를 짧은 시간에 벗어나기를 바라는 게 아빠의 마음이다.

첫 번째 오류가 길게 간다면 패찰의 늪에 빠지고 결국 경매의 재미를 잃게 된다. 서서히 경매의 길에서 멀어지게 된다. '야, 경매 그거 안 돼. 싸게 살 수가 없어. 내가 봤는데 비싸게 사야 낙찰을 받을 수 있어. 싸게 살 수도 없는데 내가 미쳤다고 경매를 하냐? 그냥 부동산 가서 사지.' 대부분의 사람이 이런 식으로 경매를 포기하게 된다.

두 번째 오류로 인해 낙찰의 기쁨을 잠시 누리지만 결국엔 심적 고통이 밀려온다. 입찰 경쟁자 중에서 2등으로 떨어진 사람의 입찰 가격이 1등으로 낙찰받은 나와 너무나 차이가 나기 때문이다. 이때는 낙찰받은 내가 바보같이 돈을 잃어버린 느낌이 든다. 2등과의 차이가 몇천 만 원이 난다면 그 돈이 너무나 아까워서 그날 밤 잠도 설친다. 그러곤 다짐한다. '다음엔 이렇게까지 높은 가격을 쓰지는 않을 거야!' 또다시 첫 번째 오류로 돌아가는 결정이다.

[예시 사진]
1등의 낙찰가와 2등의 낙찰가 차이가 1000만 원이 넘는 상황.
이럴 때 두 번째 오류를 겪으며 낙심하게 된다.


이와 같이 첫 번째 오류와 두 번째 오류를 돌아가며 겪은 사람
들은 이런 말을 하게 된다.


"경매 오래할 게 못 돼. 너무 어렵고 힘들어. 뭐 갈피를 잡을
수가 있어야지."

그러면서 아래와 같은 기준을 갖게 된다.


- 비가 억수로 오거나 눈이 많이 오는 날은 입찰하러 오는 사람이 적으니까 평소보다 낮은 가격으로 입찰해도 돼.
- 내가 알아봤는데 낙찰 비율이 감정가의 00% 정도 되니까 그냥 그 정도 금액을 쓰면 돼.
- 경매 물건 주변 부동산에 가봤더니 경매 때문에 찾아온 사람이 정말 많았대. 그러니 예상 입찰가보다 높은 금액을 써야 돼.


이런 기준을 잡는 방법이 틀렸다는 말이 아니다. 나도 가끔은 이런 기준으로 입찰가를 약간씩 조정하기도 한다. 하지만 경매를 통해서 수익을 극대화할 수 있는 방법은 아니다.

부동산경매로 많은 수익을 얻는 방법은 꾸준히 계속 경매를 하는 것이다. 1년, 2년, 5년, 10년 여윳돈이 생기면 부동산에 꾸준히 투자하는 습관을 만들어야 한다. 경매를 이용한 부동산 투자는 수익률이 훨씬 높고 적은 금액으로 시작할 수 있다는 장점이 있다. 그래서 나같이 무일푼이었던 사람도 8년 만에 21억의 수익을 창출할 수 있었다(뒤에서 자세히 설명한다).

자, 그렇다면 경매를 꾸준히 할 수 있는 기준은 어떻게 잡아야 할까?

바로 나 자신에게 중심을 맞추어야 한다.

위 오류를 살펴보면 모두 내가 아닌 주변의 기준에서 비롯되었다.

- 비가 억수로 오거나…
  → 내가 아닌 주변 날씨가 기준이 되었다.
- 낙찰 비율이 00% 정도 되니까…
  → 내가 아닌 낙찰받은 사람이 기준이 되었다.
- 경매 물건에 찾아온 사람이 많았대…
  → 내가 아닌 조사하러 온 사람이 기준이 되었다.

이런 기준은 그때그때, 상황마다 달라지기 때문에 시간이 가면 갈수록 많은 경우의 수를 따져야 한다. 갈수록 힘들어진다.

내가 아들에게 알려준 기준은 이렇다.

- '돈이 되는 물건'을 시세 조사했을 때 아들이 정한 가격은 얼마인가?

만약 그 가격을 1억 원이라고 정했다면

- 1억 원짜리 집을 낙찰받아서 얼마의 수익을 내고 싶은가?

만약 2000만 원의 수익을 내고 싶다면 입찰 금액은 8000만 원이 된다.

아들이 조사한 물건에 대해서 본인이 가격을 정하고, 스스로에게 물어서 얻고 싶은 이익을 정했다. 주변이 아닌 자기 자신이 기준이 된 것이다. 여기에 덧붙여 위에 제시한 날씨, 낙찰받은 사람, 물건을 조사하는 사람 등을 참고하면 더 좋은 입찰 가격을 얻게 된다.

"아들, 물건 값을 스스로 정하고, 최소한 얼마의 이익을 챙길 건지 정확히 정하면 입찰 가격은 자동으로 나오는 거야!"

경매는 경쟁으로 물건을 사는 방법이다. 일반적으로 경쟁의 대상은 내가 아니라 주변의 상황과 주변 사람이라고 생각하게 된다. 하지만 진정한 경쟁 상대는 항상 내 자신이다.

첫 번째 오류에 빠져 수익을 못 내고 있을 때 내 안에서는 이런 목소리가 들린다. '너는 안 돼. 이제 경매는 그만해!' 경매를 그

만두게 하는 목소리다.

두 번째 오류에 빠져 기분이 좋을 때 내 안에서는 '이제 됐어. 요렇게만 하면 된다. 네가 최고야!' 이런 말들이 들려온다. 경매로 얻을 수 있는 꾸준한 수익과 멀어지게 만드는 목소리다.

둘 다 경매 초기에 빠지는 패배감과 자만심이다. 조심할 건 주변이 아니라 나 자신이다.

고민에 고민을 거듭한 끝에 입찰 가격이 정해지고 드디어 알바하느라 바쁜 아들을 대신해 나 혼자 법원에 갔다.

"아들, 낙찰받았다!"
"우와! 진짜? 아빠, 나 이제 집주인 된 거야?"

신난 아들의 목소리를 전화기 너머로 듣고 있는 나는 기뻤다. 하루 4시간씩 출퇴근하면서 1년간 1000만 원을 모은 아들. 아르바이트하면서 짬 나는 시간에 아빠가 가르쳐준 경매로 집을 산다고 고생한 아들. 짧지 않은 몇 년의 시간들이 생각났다. 뿌듯하다. 이런 힘든 시간들이 아들에게 좋은 결실로 다가올 것을 믿는다.

아들이 낙찰받은 물건을 살펴보자.

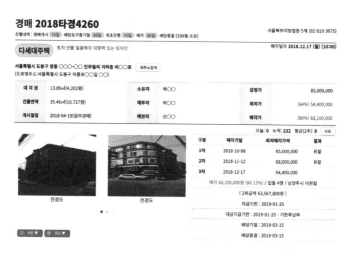

출처: 탱크옥션

아들이 알바해서 모은 돈 1000만 원으로 낙찰받은 집, 아빠 이름으로 낙찰받았다.

1. 감정가는 8500만 원이다.

2. 최저가는 5440만 원이다.

3. 낙찰가는 6810만 원이다.

4. 대출은 5500만 원을 받았다.

   • 낙찰 금액 대비 약 80%를 받은 것이다. 5500만 원에 대한 이
     자율은 약 4%이다.

5. 세금과 부대 비용은 약 150만 원이다.

6. 수리비는 약 60만 원이 들었다.

7. 낙찰가 6810만 원에서 대출금 5500만 원을 빼면 아들이 법원에 납입할 잔금은 1310만 원이다.

8. 1310만 원에 세금과 부대 비용 150만 원을 합하고 수리비 60만 원을 더하면 매입에 든 돈은 총 1520만 원이다. 아들의 종잣돈은 1000만 원이었고 내가 520만 원을 빌려주어 잔금을 납입했다.

9. 수리 후 보증금 500만 원에 월세 40만 원의 임대료를 받았다. 아들은 보증금 500만 원을 받은 즉시 나에게 갚았다.

10. 월세 40만 원 중에 약 17만 원을 이자로 매월 납부하고 23만 원의 수입이 생겼다.

11. 시간이 지나서 땅값이 오르면 아들은 수익이 생길 것이다.

---

*  **참고**: 대항력 있는 임차인의 보증금은 배당으로 모두 받아가서 아들이 책임질 돈은 없었다.

# 임대가 안 나가면
# 어떡하지?

"헐. 아빠, 누가 이런 집에 살아?"

낙찰받기 전에 집을 확인하러 임장을 갔던 아들의 말이다. 집을 산다는 생각에 들떠 있던 아들은 경매로 입찰할 물건을 보고는 어이가 없다는 표정이었다. 아들 딴에는, 그래도 집인데 좀더 근사한 집을 상상했던 것이다. 내가 보기엔 괜찮았다. 4층 빌라 건물에 반지하 집이었다. 창문도 지면에서 위로 올라와 있었기에 환기도 잘되는 집이다.

큰아들이 두 살, 둘째아들이 한 살일 때 우리 가족은 면목동 반지하 집에 살았다. 아들이 낙찰받은 집과 달리 창문이 지면 아래에 있던 집이었다. 방도 작았고 화장실을 옆집과 같이 써야

아들이 낙찰받은 반지하 집(원 안)

했다. 이사 들어간 지 6개월 후부터 벽에 곰팡이가 번지기 시작했다. 옷장 뒤에서 시작한 곰팡이는 창문이 있는 벽면 전체를 덮었다.

당연히 아들은 어렸으니 그때 기억을 못해 아빠로서 다행이라고 생각하지만 지금 아들이 하는 말을 들으니 그 집을 기억하면 좋겠다는 생각도 든다. 우리가 살았던 집에 비해서 10배는 좋은 집이라고 말이다.

"아들, 서울에서 1000만 원으로 살 수 있는 집 치고는 아주 좋은 집이야!"

방이 2개, 주방과 연결된 거실도 조금 있고 화장실도 당연히 내부에 있는 집. 창고로 사용할 수 있는 보일러실도 확보되어 있다. 보증금 500만 원에 50만 원 월세를 받을 수 있는 집이다. 대출이자를 갚고 월 20만 원 이상의 수익도 줄 수 있는 집이다.

그보다 더욱 좋은 건 5.3평이나 되는 대지권을 구입했다는 점이다. 아들에게 누누이 얘기하지만 우리는 집을 사는 게 아니라 땅을 사는 것이다. 이곳이 시간이 지나서 재개발이 되는 시기가 올 때 5평 이상의 대지권을 갖은 집들은 당연히 아파트 분양권이 주어진다. 더군다나 이곳은 준공업 지역으로 일반 주거 지역보다 건물을 높게 지을 수 있다는 이점이 있다.

이런 좋은 점을 아무리 얘기해 봤자 아들은 아직 아무런 감흥이 없다. 겉보기에 별로라는 생각이 들고 맘에 들지 않는 집을 산다는 것 자체가 꺼림칙할 수밖에 없을 것이다.

"아빠, 진짜 월세 내고 사는 사람이 들어올까? 임대가 안 나가면 내 돈으로 이자를 매달 내야 되는데… 걱정이 돼."

이런 걱정은 초보시절에 나도 항상 갖고 있었지만 지금은 주변을 살펴보면 '임대가 잘 나간다, 안 나간다'를 바로 알 수 있다. 나는 아들에게 임대가 잘 나가는 집을 알아보는 방법 세 가지를 알려줬다.

첫 번째, 지금 내가 낙찰받으려는 집에 사람이 살고 있는지를 확인한다.

경매를 당한 집은 공실인 경우가 종종 있다. 집주인이 빚쟁이들에게 시달려서 집을 비워놓고 있는 경우가 있다. 세입자인 경우엔 당연히 집에 머물고 있다. 그래야 보증금을 조금이라도 더 받을 수 있기 때문이다. 일단, 집에 세입자가 살고 있다면 좋은 상황이다.

일부 경매자들은 명도를 하기 힘든 상황이 벌어질 수 있다면서 세입자가 없는 집을 좋아하기도 한다. 이것은 하나는 알고 둘은 모르는 경우다. 세입자가 없다는 것은 그 집에 들어와 살고 싶은 사람이 없다는 뜻이다. 더 넓게 본다면 그 동네에 들어와 살고 싶은 사람이 없다고 추론할 수 있다. 이런 지역은 임대가 쉽지 않기 때문에 시세 조사를 더욱더 철저히 해야 한다.
따라서 집이 비어 있다면 다음 두 번째 사항을 잘 살펴야 한다.

두 번째, 주변에 비슷한 조건의 빈집이 있는지 확인한다.
우리가 낙찰받으려는 집은 방 2개짜리 반지하 빌라이다. 이 조건의 주변 집들을 살펴봐서 빈집이 많다면 각별히 조심해야 한다. 재개발, 재건축 등 특별한 상황이 아니라면 입찰하지 않는 게 좋다. 이런 상황은 특히 상가에서 많이 발생한다.

주변 집들을 살피는 가장 좋은 방법은 옆 빌라에 가서 초인종을 눌러 확인하는 것이다. '옆에 있는 집을 보러 온 사람'이라 말하고 동네가 살기에 어떤지를 물으면 대부분 대답을 해준다.

집이 비어 있다면 우편함의 우편물을 확인하면 된다. 여기서 우편물이 쌓여 있는 집은 대부분 빈집이다. 우편물이 하나도 없는 집은 사는 사람이 그때그때 우편물을 확인하는 것으로 보면 된다. 또 전기계량기를 보면 된다. 사람이 살고 있는 집 전기계량기는 항상 돌고 있기 때문이다. 이도 저도 아니라면 밤에 그 집에 방문해서 창문을 확인하면 된다. 불이 켜져 있으면 당연히 사람이 살고 있는 집이다.

### 세 번째, 부동산에 물어보면 된다.

방 2개짜리, 반지하 빌라, 월세를 얻으려고 한다고 말하면 중개소 사장님이 매물이 있다 없다를 말씀해 준다. 매물이 없다고 하면 '반지하 빌라가 없는 것인지, 빈집이 없는 것인지'를 물어보아야 한다.

내가 찾는 월세 매물이 부동산마다 많이 나와 있다면 월세 들어올 사람이 별로 없다고 보아야 한다. 항상 물건을 찾는 사람이 많은 상황이 임대를 놓을 나에게 좋은 조건이다.

아들은 첫 번째로 낙찰받을 집에 세입자가 살고 있다는 걸 알았다.

두 번째로 주변 집에 대해서는 알아보지 않았다.

세 번째로 부동산에 전화해서 알아봤는데 그쪽 지역에는 반지하 빌라 중에 공실이 별로 없는 것을 확인한 후에 입찰했던 것이다.

낙찰받은 집을 수리하는 동안 아들은 부동산에 월세를 냈다. 나는 최소 30군데 이상 부동산에 전화를 해서 월세를 놓으라고 말을 해 주었다. 보통 2~3군데 부동산에 임대를 내는 집주인들이 많다. 그분들이 잘못한다는 말은 아니지만 아들이 임대를 빨리 내서 안정적으로 월세를 받는 기쁨을 느끼게 해주고 싶었다. 많이 알리면 당연히 많은 사람이 보게 되고 그중에 계약하는 사람도 빨리 나타나게 마련이니까 말이다.

"아빠, 부동산에서 전화 왔어. 우리 집 보고 간 사람이 계약하고 싶다고 했대."

믿기지 않는 듯한 목소리로 아들은 말했다. 보증금 500만 원에 월세 50만 원은 받을 수 있는 집인데 월세를 40만 원으로 내놓았으니 당연히 빠르게 계약을 하겠다는 사람이 나타난 것이다.

# 아빠, 제대하고 왔더니
# 내 집이 9000만 원 올랐대

"아들, 제대하니까 좋지?"
"딱 하루만 좋더라구요."

아들은 걱정을 하고 있었다.

이제 무엇을 해야 할까? 하는 걱정일 거다. 확실하게 정해진 진로가 없기 때문이다. 불안해 하는 아들에게 정해진 게 없으면 1년 정도 일하지 말고 진로를 찾아보라고 말했다. 아들은 '생활비는 벌면서 지내야죠'라며 한 달만 쉬고 일자리를 찾을 거란다. 군대 가기 전에 아르바이트를 열심히 했지만 딱히 마음에 드는 일은 아니었던가 보다. 이제는 본격적으로 앞으로의 인생을 걱정하는 게 당연하다.

나도 20대 초반엔 인생의 방향을 잡지 못했다. 별문제 없이 다니던 고등학교 1학년 1학기에 자퇴를 하고 검정고시를 패스했다. 또래보다 1년 먼저 고등학교를 졸업하게 된 나는 딱히 대학에 가고 싶지 않았다. 친구들이 뭐라 하든 '대학은 공부할 게 있을 때 가는 거'라고 생각했고 아버지도 내 생각에 동의하셨다.

열여덟 살 때부터 패스트푸드점 알바를 시작으로 퀵서비스의 원조 격인 오토바이 배달, 노가다 곰방, 강남 룸살롱 웨이터 등 20여 가지 일을 경험했다. 그러다 스물네 살에 군대에 가게 됐다. 사춘기부터 시작된 인생의 질문, '어떻게 살아야 하는가?'에 대한 답은 끝내 찾지 못한 채 나의 헝클어진 20대는 지나갔다.

아들은 고민하는 모습을 나에게 보이지 않았다. 하지만 아들과 함께 있을 때, 그리고 이런저런 대화를 할 때 나도 모르게 아들이 걱정하는 것을 느꼈다. 아빠라서 그런지 아니면 같은 남자라서 그런지, 나도 고민스러운 20대를 보내서 그런지 모르겠지만 말이다. 나는 분위기를 바꾸려고 아들에게 말을 던진다.

"아들, 4년 전에 네가 산 집 값이 많이 올랐을 거야. 한번 알아봐!"

아들은 집값에 대한 생각을 전혀 안 하고 있는 듯 보였다. 아들이 입대한 지 6개월 정도 지났을 무렵, 집 시세를 알아봤다. 낙찰받은 가격에서 약 4000만 원이 올라 있었다. 너무 기분이 좋아서 아들에게 전화했다.

"아들, 네가 산 집이 4000만 원 올랐다."

아들은 덤덤했다. 군 생활에 신경 쓰느라 그런지 딱히 좋아하는 목소리가 아니었다. 아르바이트를 해봐서 4000만 원이라는 돈이 얼마나 큰돈인지 알 만하기에 크게 기뻐할 줄 알았는데 반응이 시큰둥해서 조금 뻘쭘했던 기억이 난다. 하지만 이번엔 달랐다. 아들은 눈이 커지면서 "얼마나 올랐어? 아빠?"라고 물었고 이내 질문이 계속됐다.

"왜 올랐어?"
"5000만 원 이상은 올랐겠지?"
"원래 이렇게 4년 만에 오르는 거야?"
"아, 그때 아빠 말대로 돈을 더 모을걸 그랬지?"
"집을 하나 더 샀다면 1억은 벌 수 있었던 거네. 맞지?"

"네가 직접 알아봐."
"부동산 여러 군데 전화하고."
"지난번보다 더 올랐을 거니까."

"알아볼 때 재개발 얘기도 꼭 물어봐라."

"네 집과 비슷한 조건의 빌라 매물이 얼마에 나와 있는지."

조용한 카페에서 커피 한 잔을 마시며 현재의 상황을 돌이켜 생각해 보았다. 아들이 아빠가 알려준 방법을 그대로 따라 해 돈을 벌게 된 상황보다 더 기분 좋은 게 있다.

바로, 아들과 대화를 하고 있는 그 자체다. 제대하고 스물네 살이 된 아들과 대화를 할 수 있다는 상황이 너무 좋다. 나 또한 아버지를 좋아했고 존경했지만 대화를 해본 적은 별로 없다. 만나면 대화할 주제 거리가 전혀 없었다. 20대의 내가 60대가 되신 아버지에게 했던 말은 "식사는 하셨어요?" 정도의 말이었다. "먹었다"라는 대답으로 대화는 마무리됐다. 더 이상의 말이 필요하다고 생각하지도 않았지만 지금 돌이켜보면 '돌아가신 아버지와 더 많은 대화를 할걸…' 하는 후회가 많이 든다.

아들이 나처럼 생각하기를 바라지는 않는다. 내가 아버지에게 더 많은 말을 하고 싶었는데 못 했기에 아들에게 풀어놓는 것도 아니다. 단지, 아들과 좀 더 많은 이야기를 할 수 있다는 사실이 좋다. 원래 나는 말이 많은 사람이 아니고 아들들과 많은 말을 하지도 못하는 '한국 아버지'이다. 아들과의 대화하는 자체가 좋지만, 서로 교감이 되는 경매로 돈버는 이야기를 하니까 더 좋은 거 같다.

"아빠, 내 집이 9000만 원 올랐대!"

좀처럼 감정에 기복이 없는 아들은 놀란 듯이 말했다.

"거봐. 아빠가 많이 올랐을 거라고 했잖아."

속으론 나도 놀랐다. 그렇게 많이 올랐을 거라곤 생각 못 했다. 2019년 1월에 잔금 납부를 하고 꼬박 3년 반이 지난 시점이었다. 소규모 재개발로 인한 호재 때문이었다. 처음 이 빌라를 살 때 지역적인 이점이 있었다. 이곳은 주거 지역이 아닌 준공업 지역으로 지정된 곳이다. 주거 지역보다 좋은 점은 용적률이 높은 것이다.

예를 들어 재개발로 아파트를 짓는다면 주거 지역보다 약 2배에 가까운 이득을 볼 수 있다. 따라서 개발사들이 분명 눈독을 들이고 있는 지역이었다. 아들이 집을 사놓고 늦어도 10년 정도 지나면 개발 호재를 받으리라 예상했지만 이렇게 빨리 진행될 줄은 몰랐다.

아들에게 다시 말했다.

"아들, 집을 산 게 아니라 뭘 산 거라고?"

"땅!"

이제는 아들이 제대로 부동산의 맥을 짚는 것 같다. 눈빛이 달라졌다. 역시 교육은 뭐니 뭐니 해도 경험이 최고인 것 같다. 경매 낙찰받고는 그저 특이한 일을 하나 해냈다는 정도로만 생각했던 아들이다. 하지만 1000만 원으로 시작해서 3년 반 만에 9000만 원을 벌었다는 경험이 아들의 생각을 완전히 바꿔놓은 것 같다.

출처: 네이버지도

아들의 낙찰 물건 근처 창동 585-71번지
지하 1층이 1억 9000만 원에 매각돼서 실거래가에 올라와 있다.

"아빠, 나 일자리 잡았어. 지금부터 또 월급타서 100만 원씩 모을 테니까 부동산 투자를 할 수 있도록 좀 도와줘!"
"물론이지 아들."

내 입가에는 미소가 번지고 있다.

아들이 낙찰받은 지하 1층 빌라의 주소는 도봉구 창동 585-63 번지로 전용면적은 35.46m²이다. 제대하고 자신의 집이 얼마나 올랐는지를 알아본 아들은 여러 군데 부동산에서 가격을 비교해 본 결과 1억 6000만 원이라는 결론을 내렸다. 낙찰가 6810만 원에 산 집이 9000만 원이 오른 셈이다. 나는 아들의 결론에 근거해서 주변 지역 매물들의 실거래가를 조사해 봤다.

출처: 디스코

앞 자료는 아들이 낙찰받은 물건에서 조금 떨어져 있는 도봉구 창동 585-71번지 지하 1층 빌라다. 2021년 6월에 매매 1억 9000만 원의 실거래가가 적혀 있다. 전용면적 26.72m²이다. 아들 집에 비해 9m²가 작다.

출처: 디스코

위의 자료는 아들 집과 같은 건물 도봉구 창동 585-63번지 옆 호수가 매매로 팔린 내용이다. 22년 3월에 1억 6000만 원에 팔렸다. 이 집은 전용면적이 44.55m²로 아들 집보다 9m²가 크다.

아들이 제대한 2022년 가을엔 시세가 더 올라 있었다. 따라서 아들의 결론에 신빙성이 있다. 2022년 11월에는 창2동 모아타

# 창2동 모아타운 사업 안내문

존경하는 소유자 여러분 안녕하십니까? 창2동 모아타운 가로주택정비사업 추진위원회(가칭)입니다. 소유자 여러분 각 가정에 화목과 안녕이 가득하기를 기원합니다.

추진위원회는 지난 몇 년간 우리 동네의 노후·열악한 환경을 개선하고자 시·구청을 셀 수 없이 오가며 어떻게 개발할 수 있을지 많은 고민과 노력을 다하였습니다. 하지만 여태까지 이렇다 할 방안을 찾지 못하고 있었는데, 최근 신속통합기획 재개발사업과(이하 신통기획) '오세훈 시장표' 모아타운 사업이 생겼습니다.

이에 따라 어떤 사업이 창2동에 더욱 적합한 사업인지 전문가 들과 함께 검토하였고 우리구역은 오세훈 시장표' 모아타운사업만이 가능하다는 사실을 알게 되었습니다.

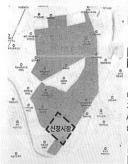

〈신창시장〉

현재 신통기획 재개발 대상지는 그림과 같이 신창시장 주변 일부만 가능하고 나머지는 모아타운사업만 가능합니다.

대부분의 구역은 시간이 지나도 신통기획 재개발사업을 하기 위한 노후도, 과소 필지, 접도율, 호수밀도 문제는 결코 해결될 수 없어 모아타운사업만 가능하다고 판단됩니다.

신통기획 재개발사업은 현재 법령을 기준으로 약 1천 세대 아파트 신축이 가능하고 모아타운사업에 비교하여 토지 10~20%의 기부채납, 임대 APT 의무 설치, 대단지 APT 조성 불가, 종상향 인센티브 배제 등의 리스크가 있습니다.

"오세훈 시장표" 모아타운사업은 용적률 상향 인센티브 (종상향, 300%), 층수 완화(35층) 등으로 대단지APT 조성 등의 이점이 있어, 우리의 개발이익 극대화와 주거환경을 효율적으로 개선할 수 있다고 판단됩니다.

우리 추진위원회는 여러분에게 신통기획 재개발과 모아타운사업의 각 장단점을 설명드리고, 사업추진에 대해 여러분 의견을 모아 이를 사업에 반영하고자 설문지와 동의서를 징구하고 있으니 적극적으로 참여하여 주시기를 바랍니다.
우리 추진위원회는 소유자들의 이익과 성공개발 사업을 위해 최선의 노력을 다하겠습니다.

추진위원회 일동

창2동 모아타운 가로주택정비사업 개발추진위원회(가칭)

〈창2동 모아타운 사업안내문〉

운 사업설명회가 개최되었고 현재 주민제안 동의서를 받고 있다. 땅값이 오른 이유다.

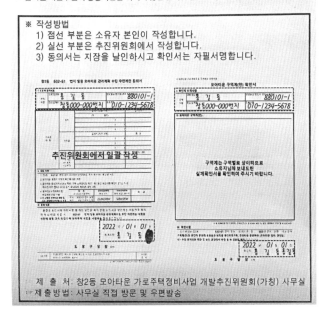

〈창2동 모아타운 주민제안 동의서 제출안내〉

# 42세 무일푼 아빠가 8년 만에 21억 자산가가 되다!

2012년부터 2020년까지 8년 동안 나는 열심히 일했다. 잠을 평균 2~3시간 잤다. 4시간을 자면 많이 잔 날이다. 다행히 나는 호흡명상수련을 했기에 버틸 수 있었다. 낮에 짬짬이 하는 명상으로 컨디션은 유지할 수 있었다. 8년 중 초반기 3년은 잠을 안 자도 꽤 좋은 몸 상태를 유지했다. 몸 수련은 많이 하지 않았지만 일상생활에서 몸을 움직이는 동작에 연결되는 호흡을 항상 신경 쓰고 있었기 때문이다.

이후에, 내 인생에서 마음에 큰 위안을 주신 두 분이 연달아 세상을 떠나셨다. 어머니가 일찍 돌아가신 나에게 한 분은 어머니와 같았고 다른 한 분은 친누나와 같았다. 그 충격으로 나는 인생의 리듬이 깨지기 시작했다. 어머니와 같은 분은 내가 밥을 굶으며 생활하던 20대에 먹을 걸 챙겨주신 분이고 20여 년간의 수련을 시작하게 해주신 분이다. 친누나와 같은 분은 아직도 집을 못 샀느냐며 집을 살 수 있게 수련장 운영을 도와주셨다. 그리고 나만의 일을 해야 한다고 말해주신 분이었다.

중간기 3년은 깊은 잠을 못 잤다. 지쳐서 잠이 들면 선잠이 되고 문득문득 놀라서 깨곤 했다. 인생에서 항상 위안이 되어주던 사람이 갑자기 사라진 충격은 정말 이루 말할 수 없는 큰 고통을 주었다. 머리가 멍하고 가슴이 답답했다. 갑자기 생기는 가슴답답증에 숨을 크게 쉬어야만 했고 명상을 해도, 호흡수련으로 마음을 가다듬어도 나도 모르게 일어나는 경련이 가끔 찾아왔다. 그래도 일은 해야 했기에 새벽부터 다음 날 새벽까지 열심히 일했다. 그나마 일이 답답함을 잊을 수 있게 해줬다. 이때부터 내 면역력은 떨어지기 시작했지만 나는 대수롭지 않게 생각했고 쉬지 않고 일했다. 내 몸 상태는 내가 잘 안다고 생각했다.

후반기 2년은 병원을 다니기 시작했다. 평생 몸이 약했지만 몸 수련과 마음 수련으로 극복했고 병원을 다니지 않을 정도로 내 몸 간수를 잘했다 생각했는데 영양제와 수액을 맞기에 이르렀다. 일을 하다가 갑자기 토사곽란이 일어나 앉아 있을 수 없을 지경이 되었고 구토와 설사가 하루 종일 생기며 어지러움증으로 앉아 있을 수 없을 정도였다. 일반적으로 이런 경우는 식중독 증상이지만 내 경우는 신경성 증상으로 불규칙한 생활과 과도한 스트레스가 원인이었다. 보통 휴식할 만한 기운은 남겨두고 일을 해야 하는데 집중하면 빠져나오지 못하는 내 성격이 만들어내는 증상으로 마지막 기운까지 짜내어 썼기 때문이다. 뜨거운 방바닥에 누워서 3일 정도 휴식을 취하는 것으로 스스로를 치유했다.

결국 돈은 벌었지만 건강이 많이 나빠졌고, 여러 가지 이유를 설명할 수 있겠지만 지금 생각해 보면 나는 8년 동안 몸의 기운을 다 써버렸다고 판단된다. 근래에 면역력을 증진시키는 약과 건강식품을 복용하고 매일 산책을 하고 있다. 산책길에 있는 철봉과 평행봉도 조금씩 하면서 건강을 되찾고 있다.

21억의 자산을 모은 얘기는 없고 순 개인적인 건강 얘기만 해서 독자 여러분들이 실망스러울 수도 있겠다. 하지만 나는 건강이 뭉개질 만큼 열심히 일했다는 얘기를 하고 싶다. 아들들에게 이런 구구절절한 얘기를 한 적은 없는 거 같다. 돈은 쉽게 벌리는 게 아니며 열심히 최선을 다해야 한다는걸 말하고 싶다. 8년간 나는 경매와 함께 생활비를 벌기 위한 일을 계속했고 그 일로 종잣돈도 모아야 했다.
월급쟁이로는 한계가 있어 일을 많이 해도 수입이 늘어나지 않는다.

나는 내가 일한 만큼 수익이 늘어나는 일을 해야만 했다. 8년간 세 가지 일을
했지만 중반까지 한 두 가지 일은 결국 생활비를 버는 수준에 지나지 않았다.
그 일로 돈을 번 것이 아니다. 매일 잠잘 시간을 쪼개어 부동산 공부에 전념
해가며 불안한 마음을 안고 실행에 옮겼다. 미래에 돈이 불어날 것을 믿으려
애썼다. 경험이 없는 사람에게 믿음이 생긴다는 말은 거짓에 가깝다. 그래도
그 길밖에는 없기에 기를 쓰고 매달렸다. 건강을 해치면서까지 말이다.

이제 내가 말하는 중요한 부분을 아들에게 알려주고 싶다.
- 아주 열심히 일해야 한다.
- 생활비 버는 일을 꾸준히 해야 한다.
- 큰돈을 버는 일을 항상 병행해야 한다.
- 불확실한 미래를 믿어야 한다.

아들아, 이렇게 생활하는 사람은 많다. 아빠 말고도 대부분의 사람이 열심히
일한다. 생활비 버는 일을 꾸준히 한다. 큰돈을 버는 일을 항상 병행한다. 불
확실한 미래를 믿으려고 애쓴다. 그렇지만 돈을 버는 사람은 많지 않다.

그 이유는
'생각이 바뀌지 않아서다.'
내 생각이 바뀐 점은 이렇다.

부동산이 돈이 된다는 생각은 누구나 한다. 쉽게 말해서 땅을 사면 돈이 된
다는 사실은 많은 사람이 안다. 하지만 실행해서 땅을 사는 사람은 많지 않
다. 왜일까?

첫째, 땅은 돈을 많이 줘야 살 수 있기 때문이다. 싼 땅은 작게 조각내어 팔
지 않는다. 싼 땅일수록 덩어리가 크다. 쉽게 말해 땅을 사려면 적어도 몇 억

은 있어야 하기 때문이다. 여기서 사람들은 돈을 많이 벌고 난 후에 땅을 산다고 생각한다. 물론 나도 처음엔 그랬다.

하지만 아빠는 생각을 바꿨다. 적은 돈으로도 땅을 사야 한다는 생각을 했다. 그 방법을 찾으려고 노력했다. 그리고 그 방법을 찾았다. 서울에 있는 작은 집을 사면 된다.

둘째, 땅은 수익이 나려면 시간이 많이 걸린다. 보통 30년이 걸린다. 사람들은 여기까지 생각한다. 그래서 실행하지 않는다. 실행하는 사람은 본인이 돈을 벌어 쓰고 싶은 생각이 없는 시골 아버지들이다. 그냥 땅을 사두면 자식들 대에 부를 이룬다.

아빠는 생각을 바꿨다. 짧은 시간에 땅으로 돈을 벌 생각을 했고 결국 방법을 찾았다. 매매와 개발이 자주 일어나는 지역의 땅을 사는 것이다. 대도시의 땅을 사면 되는데 그곳이 바로 서울이다.

셋째, 어떤 땅을 사야 좋을지 모르기 때문이다. 사람들은 좋은 땅을 사길 바라지만 좋은 땅은 비싸다. 서울 땅이 그렇지만 이미 사람들이 다 차지하고 있다. 사려면 지금 주인들에게 웃돈을 더 얹어줘야만 한다. 여기서 생각이 고정된다.

아빠는 생각을 바꿨다. 서울 땅은 이미 사람들이 가지고 있지만 내가 싸게 살 방법은 뭐가 있을까? 서울 땅을 1평만 살 수 있는 방법은 뭘까? 1000만 원 가지고 살 수 있는 서울 땅은 어딜까? 이 생각을 계속했고 방법을 찾았다. 부동산경매를 공부해서 서울에 있는 대지권을 사면 된다. 그래서 8년 만에 21억의 자산을 모을 수 있었다.

# 아빠가 이제부터
# 돈 벌어 올게!

한밤중에 달이 밝다. 모두 잠든 시골은 조용하다. 아니 적막하다. 이렇게 혼자 있는 시간이면 떠오르는 기억이 있다.

모처럼 외식하는 날, 괜찮은 중국집에 갔다. 나는 메뉴판을 보았고 가격을 확인했다. 메뉴판을 아들에게 건네며 먹고 싶은 걸 고르라고 말했다. 꼼꼼히 메뉴판을 확인하던 아들은 새로운 요리를 먹어보고 싶은 눈치였으나 이내 짜장면을 시켰다. "먹어보고 싶은 게 있으면 그걸 먹자." 아들이 말했다. "그건 비싸!"

아들은 초등학생이었고 그 중국집은 일반 식당이었다. 나는 충격을 받았다. 초등학생 아들이 벌써부터 가격을 보고 먹고 싶은 걸 안 먹겠다는 생각을 하다니! 아빠로서 머리가 복잡해졌다. 적어도 아들은 먹고 싶은 걸 고르는 데 주저함이 없어야 했다. 하지만 아들은 아빠가 생각해야 할 일까지 걱정하며 먹고 싶은 음식을 포기하고 결정을 내리고 있었다.

'어디서부터 잘못되었을까?'

아들의 행동이 기특하고 고마웠지만 또 한편으로는 마음이 아팠다. 사춘기를 지난 것도 아닌 초등학생이 돈 때문에 먹고 싶은 걸 포기해야 한다는 것은 뭔가 잘못됐다. 아빠의 보살핌이 궁핍한 걸 이미 아는 것이다.

나는 어쩌다 식당에 가면 먹던 것만 먹었다. 수련을 하는 중에는 돈을 벌지 않았다. 그저 주어지는 생활비는 집에 가져다주었고 내 지갑에는 면허증만 있었다. 수련하고 일하는 곳에서 식사는 해결했고 옷도 항상 수련복을 입어 딱히 돈을 쓸 만한 일이 없었다. 술과 담배는 배우지도 않았고 친구를 만나지도 않는다. 유일한 취미는 영화였지만 영화관에 안 간 지도 오래되었다. 컴퓨터로 다운해 영화를 보는 것이 전부다. 돈을 벌지도, 쓰지도 않았으며 단지 내가 알아가고 싶은 수련을 하다 보니 생활비를 벌게 됐고 그걸로 가족들의 생계는 이을 수 있었다.

다행인지 불행인지 나는 먹는 것에 별 관심이 없었다. 어려서부터 못 먹고 자라서 그런지, 아니면 입이 짧아서 먹지를 못한 건지, 소화를 못 시켜서 인지는 알 수 없지만 먹는 것이 너무 힘들고 괴로운 적이 많았다. 20대에도 밥 한 공기를 다 먹지 못했다. 식당을 찾아서 가지도 않았고 갈 생각도 들지 않았다. 또 사 먹는 음식은 내가 수련하는 중엔 너무나 자극적이어서 그저 집에서 먹는 찌개 하나에 김치와 반찬 한두 가지면 족했다.

내가 하고 싶은 말은 돈을 벌지 않았으니 값비싼 음식을 못 먹는 것은 당연하다는 것이다. 그래도 아이들이 굶지 않게 하려는 아빠의 마음은 항상 있었고 좋고 값비싼 음식을 사주지 못해 마음은 항상 미안했다.

식당에서 비싼 음식을 못 먹는 것에 자존심이 상하거나 내가 초라해 보인 적은 없었다. 그런 상황은 당연히 받아들였다. 하지만 아들과 함께 식당에 갔을 때는 이런 마음이 항상 흔들리고 있었다. 이런 나의 마음을 알 리 없는 어린 아들은 행복한 얼굴로 자리에 앉아서 호기심이 가득한 얼굴로 메뉴판을 보고 있었다. 그리고는 음식을 골랐을 것이다. 처음엔 먹고 싶은 메뉴를 시킨다고 말했을 것이다. 하지만 원하는 메뉴를 마음대로 먹을 수 없는 경험을 했을 것이다. 메뉴는 보는 것에 만족하고 늘 짜장면을 시켜야 한다는 것을 알았던 것이다.

아빠로서 이런 상황을 겪는다는 것은 참으로 초라한 느낌이다.

내 스스로에게는 떳떳한 삶을 살지만 자식에게 해주지 못하는 미안함은 그 떳떳함을 무색하게 만든다. 괜찮은 아빠가 아니다. 아들이 먹고 싶은 것을 사주지도 못하는 못난 아빠다.

이제는 이런 삶과 이별할 때다.
나의 수련은 끝났고 이제는 현실에서 이루고자 하는 세 가지 목표를 향해 매진할 시간이 됐다.

첫 번째 현실 목표는 식당에 가서 가격표를 보지 않고 메뉴를 고르는 것이다. 나뿐만이 아니라 아들도 이렇게 먹고 싶은 것을 마음대로 먹게 해주고 싶다. 돈이 없어서 먹고 싶은 것을 못 먹는 삶을 살지는 않게 해주고 싶다. 그리고 나중엔 아빠 없이도 스스로 돈을 벌어서 가격표에 구애받지 않고 주문을 할 수 있는 삶을 살기를 바란다.

두 번째 목표는 정착해서 살 수 있는 집을 마련하는 것이다. 큰 아들이 태어난 이후로 서울과 지방을 오가며 열 네번이나 이사를 했다. 큰아들과 둘째아들은 유치원을 네 번 옮겼고, 초등학교와 중학교를 네 번 전학했다. 이제 이사는 그만하고 한곳에 정착해서 자리를 잡아야 아이들에게 덜 미안할 것 같았다.

세 번째 목표는 세 아들이 공부를 하겠다고 하면 학비 걱정은 없게 해주는 것이다. 공부를 하면서 돈을 번다는 것이 경험자로서 얼마나 힘든 일인지 안다. 함께 일하는 동료들도 돈을 버는 것이 너무 힘들다고 공감을 해준다. 그러나 이 친구들은 내가 경험한 것에 비하면 적어도 절반 정도밖에 힘들지 않다 생각한다. 그들은 부모님 집에서 생활하기 때문이다. 내 한 몸 편하게 누일 거처가 없다는 건 정말 서글픈 일이다. 운이 좋아 밥을 많이 먹은 날에도 여전히 허전함이 남는다. 나는 그래도 운이 좋은 편이라 좋은 분들이 잠자리를 만들어 주었다. 하지만 결국 '남의집살이'는 나 스스로에게 큰 짐이 됐다.

혹시라도 이 글을 읽는 청년들이 돈을 벌면서 공부를 하고 있다면 진심으로 응원하고 싶다. '너무 잘하고 있다고. 너무 대견하다고. 스스로에게 자부심을 가져도 된다고 말이다!'
아들이 공부를 할 때 이렇게 힘든 생활을 하지 않기를 바란다. 뭔가를 배울 때 온 정신을 집중해 배움에만 정진하길 바란다.

목표가 정해지고 생각이 정리되니 머리 위에 떠 있던 달은 한참을 기울었다. 머릿속은 한결 가볍다. 이제 29년간의 수련을 끝내고 현실에서 돈을 벌어야 할 때다. 실행할 일만 남았고 분명 잘될 거라 믿는다. 의심의 여지가 없다. 이제껏 돈벌이에 관심이 없던 나였지만 돈 벌 자신이 있었다.

"아들, 이제부터 아빠가 돈 벌어 올게!"

# 돈 없는 아빠
# 서울로 간다

'스르륵'

자동차는 미끄러지듯이 달리고 있다. 동부간선도로, 월릉교 밑을 지나고 있다. 차들이 거의 없는 한밤중이다.

"아빠가 돈 벌어 올게!"

세 아들에게 자신 있게 말하고 집을 나선 지 한 시간째 달리고 있다. 첫째는 열다섯 살 중학교 2학년이다. 연년생 둘째는 열네 살 중학교 1학년이고, 막내는 이제 네 살이다. 이제껏 돈은 벌지 못했지만 아빠로서 꼭 지키고 싶은 것이 있었다. 떨어져 살지 않는 것이다. 아무리 어려운 상황이라도 학교 다니는 아이들과 떨어져 지내선 안 된다고 생각했다.

나는 엄마가 일찍 돌아가셨다. 생후 70여 일 된 어느 날 엄마는 새벽기도를 가다가 쓰러지셨다. 다시 일어나지 못하고 세상을 떠나셨다. 작은형은 네 살, 큰형은 일곱 살이었다. 아버지는 큰 충격을 받았지만 열심히 일하셨다. 엄마 대신 우리 삼형제를 키우신 건 친할머니다.

지금도 할머니의 손길이 느껴진다.
한여름 밤에 덥다고 잠투정하는 막내손주 머리맡에서 부채질을 해주셨던, 우산을 안 가지고 가서 방과후에 비를 쫄딱 맞고 돌아온 여덟 살 손주를 끌어안고 이불로 감싸주시던, '금동이' '옥동이' 하시며 자장가를 불러주시던 우리 할머니!

그런 할머니는 내가 열한 살이 되던 해부터 옆집 할머니와 싸우기 시작했다. 된장을 나눠 먹으며 가깝게 지내던 옆집 할머니와 왜 다퉜는지는 나중에야 알았다. 사람들은 우리 할머니가 노망이 났다고 수군거렸다. 어느 날, 학교를 마치고 집으로 돌아오는 길, 옆집 할머니네 대문을 박차고 나오는 우리 할머니는 독기를 품은 말을 내뱉었다.

"이 빌어먹을 년이 나를 죽이려고 독가스를 피우네!"

놀란 나는 눈이 휘둥그레졌고 정말로 그런지 할머니에게 물었다. 내 목소리가 들리지 않는 듯 할머니는 혼잣말을 하셨고 나를 알아보고 집으로 들어가자고 했다. 어떻게 된 영문인지 어린 나는 알 수 없었지만, 옆집 할머니는 나에게 전과같이 친절하게 대해 주셨다. 이게 시작이었고 이후 우리 할머니는 치매를 앓기 시작했다.

우리는 1~2년 마다 한 번씩 이사를 다녔다. 나는 초등학교를 네 번 전학을 했고 중학교 3년은 한 곳을 다녔지만 집은 두 번을 이사했다. 그리고 할머니, 아버지, 큰형, 작은형, 나 이렇게 다섯 식구는 이후에 같이 산 적이 없다. 큰형은 이모 집과 고모 집을 전전했다. 작은형은 교회 목사님 댁과 친척집에서 지냈고 나는 거의 집에 혼자 있었다. 할머니와 있을 때면 아버지는 지방으로 돈 벌러 가셨다가 가끔 올라오셨다. 할머니가 고모 댁에 가셨을 때는 아버지가 저녁에 집에 들어오셨다. 초등학교 6학년 때부터 집에 오면 항상 혼자였다.

열세 살이 되던 해부터 할머니의 병세는 심해졌고 나의 고민은 깊어졌다. 독실한 믿음을 가진 아들을 따라서 하느님을 섬기며 매일 새벽기도를 드리시는 할머니는 나에게, 거짓말하지 말고 맡은 일은 끝까지 책임을 다하라고 말씀하셨다. 항상 남을 도와주며 내 것이 아닌 것에 욕심내지 말라고 하셨다.

어머니도 새벽기도를 하시다 돌아가셨다고 들었다.

> '왜 이런 일이 할머니에게 생길까?'
> '세상은 어떻게 돌아가는 걸까?'
> '나는 도대체 어디서 왔으며 어디로 가는 걸까?'
> '내가 이 세상에서 할 일은 무엇인가?'

이런 질문들을 시작으로 나의 인생 공부는 시작됐다.

되돌아보면 나의 사춘기 시절은 외로웠다. 이런 외로운 시절을 아들에게 물려주기 싫었다. 아무리 형편이 어려워도 아이들과 떨어져 지내서는 안 된다고 생각했다.

> '돈을 벌어다 주지 못하는 아빠라도 꼭 한 집에서 지내야 한다.'
> '아무리 밤이 늦더라도 집에 와서 아이들 옆에서 함께 잠을 자야 한다.'
> '아이들과 떨어져서 다른 곳에 잠자리를 마련하면 안 된다.'
> '내 공부를 위해서 이사를 가야 한다면 아이들과 함께 움직 여야 한다.'

아이들을 데리고 이사를 많이 해야 했던 이유다.

아이들이 어릴 적 온 가족이 한 집에 함께 살아야 한다는 생각이 아이들에게 좋은 영향을 미쳤는지는 지금도 확신할 수는 없다. 하지만 나는 스스로에게 다짐했고 그 다짐을 잘 지켜왔다. 지금 서울로 가는 이 시간 이전까지는 말이다. 이제는 평일에 서울에서 돈을 벌고 주말에만 집에 올 수 있다. 이런 상황을 아이들에게 잘 설명해 주었고 기특하게도 우리 아이들은 항상 아빠에게 긍정적이다.

아이들을 키우면서 정말 많이 배웠다. 내가 배운 가장 값진 건 아이들이 부모에게 주는 '무조건적 사랑'이다.
'부모는 자식을 무조건 사랑한다'는 말을 항상 들어왔다. 당연히 맞는 말이다. 자식을 키우기 전에, 내가 내 아이들을 키우기 전에는 이것만 생각했다. 그 이상의 생각은 못 해봤다. 하지만 아이들이 더 부모를 '무조건적으로 사랑한다'는 것을 깨달았다.

지금의 상황도 그렇다. 분명히 막내는 평일에 아빠와 헤어져 있는 시간이 싫을 것이다. 큰애와 둘째는 중학생이니 아빠와 있는 시간이나 아빠의 계획, 생각이 싫었을 수 있다. 하지만 아빠의 이야기를 들어줬고 서울로 떠나는 아빠를 배웅해 줬다.

시간이 지나서 아빠가 주말에 집에 오면 언제나 환영해 줬다. 끌어안고 뽀뽀하며 좋아해 줬다. 아빠가 잘했는지 잘못했는지 상관하지 않았다. 돈 번다고 해놓고 돈을 벌었는지 딴짓을 했는지 상관하지 않았다. 그냥 아빠가 집에 돌아온 것을 좋아해 주었다. 아빠가 약속을 지키지 못한 것도 용서해 주었다. 아무런 조건도 없이.

'무조건 사랑이다!'

너무나 고맙다. 이런 사랑을 받고 있는 나는 복 있는 아빠다. 이 사랑에 조금이라도 보답하기 위해 다시 한번 마음을 다진다.

차는 어느덧 종로에 도착했다. 1990년 스무 살 때, 처음 수련을 시작한 곳이다. 7년을 수련생으로 지냈고 7년을 지도자로 지낸 곳이다. 그리고 7년은 이곳을 떠나 산으로 들어가 공부를 계속했다. 21년 만에 운영자로 다시 오게 된 지금 만감이 교차한다.

'찰칵.'
열쇠로 현관문을 열었다. 캄캄한 실내에 창문으로 가로등 불빛이 스며들고 있다. 한 걸음 들어서며 생각했다.

'나는 이제 여기서 돈을 벌어야 한다.'

# 유튜브가
# 나를 살렸다

밤 11시.

하루 일이 마무리됐다. 수련생들이 쓰는 샤워실에서 씻고 수련
장 밖으로 나갔다. 낡은 빌딩의 계단을 내려가 공동화장실을
이용한 후에 다시 계단을 올라와서 수련장으로 들어온다. 현관
철문을 안에서 잠그고 수련장 안에 조그맣게 마련한 상담실에
들어왔다. 앉은뱅이책상을 출입문 쪽으로 밀고 걸레로 방을 닦
았다. 어른 두 명이 누우면 알맞을 공간이다. 밤이면 이 공간은
나만의 비밀의 방으로 변신한다. 한쪽 벽에 한지로 붙여놓은 가
리개를 걸었다. 내가 목표로 한 사진들이 나타난다.

돈을 벌어야 한다는 생각을 하면서 읽기 시작한 자기 계발서에
서 꼭 언급하는 드림보드를 만들었다. 처음엔 애들 장난 같아

서 뻘쭘했지만 꿈을 이룬 사람들이 한결같이 이야기하는 시각화를 따라서 하고 있다.

세아들아빠가 2013년도 벽에 붙였던 드림보드

멋진 양복, 기아 쏘렌토 자동차(이 당시 아반떼를 타고 있었음), 20대부터 갖고 싶었던 오토바이, 항상 가고 싶었던 바닷가 휴양지, 운동으로 단련된 몸, 해보고 싶은 실탄 사격, 고급 가방과 시계, 발레리나의 아름다움, 어려움을 헤쳐 나가는 투지(영화에서 받은 이미지), 이미 이루어진 것들의 목록. 갖고 싶은 서울 땅을 사면 표시할 서울 지도.

여기에 아이들과 함께 지낼 별내신도시 블럭 지정 구역도를 붙였다. 이사하지 않기로 아이들과 한 약속은 별내신도시로 들어가면서 이루어지고 있었다.

42세에 공부를 마치고 돈을 벌겠다고 세운 계획은 이랬다.

1. 매달 생활비 500만 원을 번다. 종잣돈 마련할 500만 원을 번다. 총 1000만 원을 번다.
2. 1년 만에 종잣돈 6000만 원이 모이면 땅을 산다.
3. 1년에 하나씩 5년간 사면 5개의 부동산이 생긴다.

이게 전부였다.
돈을 벌어본 적이 없는 나는 아주 단순하게 생각했다.

생활비 500만 원을 벌면 세 가지 목표 중 아들이 가격에 신경 쓰지 않고 식당에서 먹고 싶은 것을 마음껏 주문할 수 있게 해주겠다는 약속을 지킬 수 있을 것이다.

1년 만에 종잣돈 6000만 원이 모이면 세 가지 목표에 있는 아이들과 함께할 집을 마련할 수 있다.

5년간 꾸준히 실행해서 5개의 부동산을 사면 아이들이 공부하고 싶다고 했을 때, 외국 유학도 보내줄 수 있을 거 같았다.

생활비 500만 원을 버는 방법은 수련원을 운영하면서 충분히 가능하다. 1명의 한 달 수련비가 10만 원이다. 50명의 회원을 가르치면 500만 원, 여기에 월세와 협회에 지급하는 고정비, 그 외 경비로 300만 원이 드니, 총 800만 원의 수익이 생기면 되는 일이다. 그렇다면 회원은 80명을 만들면 된다. 수련 지도를 많이 해본 나로서는 회원 80명은 충분히 만들 수 있다는 자신이 있었다.

그러나…
돈은 내 생각처럼 벌리지 않았고 갈수록 빚이 늘어나고 있었다. 평생 빚을 져본 적 없는 나는 가슴에 차곡차곡 돌덩이가 쌓이는 것을 느꼈다. 수련 지도에는 자신이 있었지만 수련장 운영은 완전히 다른 일이었다. 매일을 열심히 살지만 항상 헛바퀴를 돌리는 다람쥐처럼 제자리였다. 앞이 캄캄하고 미래가 불투명하지만 드림보드를 보면서 공부를 시작했다.

밤 11시 20분, 모든 일이 마무리되고 나만의 시간이 되면 책을 보았다. '땅을 사야 한다'는 생각으로 부동산에 관한 책을 보았고 그중 경매 책을 탐독하고 있었다. 땅을 경매로 사면 싸게 살 수 있다는 말은 참으로 매혹적이다. 하지만 그 싸다는 금액이 최하 몇 억이고 보통은 몇십 억이었다. 내가 모으는 종잣돈으론 어림도 없다. 하물며 지금은 종잣돈도 생각처럼 모으지 못하고 있다. '이렇게 공부만 한다고 될까?' '종잣돈이 없는데 공부가 뭔 소용인가?' 등등 심란한 생각들이 머릿속을 헤집어 놓는다.

그럴 때면 핸드폰으로 유튜브를 검색해 보았다. 이런저런 영상들이 많아 습관적으로 보다가 한 영상에 꽂히게 되었다. 영상에서 나오는 말은 적은 돈으로 집을 살 수 있다는 것이었다.

500만 원만 있으면 대출을 이용해서 집을 한 채씩 사고 그 집에 월세를 주면 내 돈 500만 원을 다시 회수할 수 있다는 정보였다.

'이게 무슨 해괴망측한 말인가? 정말 가능할까? 사기 치고 있는 게 아닐까? 이런 말은 들으면 안 된다.' 별의별 생각이 다 들었지만 지금 나의 상황에 꼭 필요하고 맞는 말이었다. 마음을 가다듬고 숨을 크게 내쉬었다. 명상수련으로 익숙해진 마음 안정 호흡법은 이럴 때 큰 도움이 된다.

자, 내 돈 한 푼 없이 집을 싸게 사서 2년 후에 제값 받고 팔면 돈을 번다는 얘기!

관련 영상을 빠짐없이 보고 있으니 창밖으로는 동이 트고 있었다.

# 다단계의 유혹
## - 돈 벌기 힘들다

"와!!!"

우레와 같은 함성과 박수 소리가 귀를 찢는다. 올림픽 체조경기
장을 꽉 메운 사람들, 고막을 울리는 팡파르 소리, 멋진 정장과
드레스를 입은 무대 위의 사람들이 손을 흔들고 있다. 화려한
조명 아래서 연예인들도 행사에 참여하고 있다.

"이사장님, 여기 빵과 우유 좀 드세요."

같이 오신 분이 시장기를 달래라고 요깃거리를 건넨다. 하긴 오
후 1시부터 4시간째 행사가 진행되고 있다. 축하할 일이 너무
많아 손이 아플 정도로 박수를 치고 있다. 무대에 계신 분들

은 모두가 돈을 많이 벌고 훌륭한 사회봉사도 많이 하신 분들이다. 축하받는 사람은 다른 사람들이 돈을 벌 수 있게 만들어준 공로를 인정받는다. 관중석에 모인 많은 사람들은 진심으로 축하하고 부러워하면서 다음번엔 자신이 저 무대에 올라가기를 기대하고 있다.

2013년, 수련장에 원장으로 부임한 지 1년이 지났을 때, 새벽부터 밤늦게까지 쉬지도 않고 움직이고 있을 때, 열심히 일하지만 돈 벌기 힘들다는 말을 실감하고 있을 때, 내가 돈 벌기를 고대하고 있는 모습을 보고 있던 고참 수련자분께서 소개한 모임에 몇 번 참석을 했다. 일명 다단계라고 부르는 사업이었다. 하지만 알아본 결과 일반적으로 생각하는 나쁜 사업은 아니었다. 좋은 물건을 회원들에게 제공하고 그 회원이 다른 사람에게 소개해서 물건을 팔면 이익을 나눠주는 사업으로 이해했다. 그래서 큰 행사에 참여해 봤다.

나는 돈이 쉽게 벌린다고 생각하지 않는다. 이 다단계 사업도 마찬가지다. 내가 제품 공부를 열심히 하고 마케팅을 익히면서 주변 사람들이 계속 제품을 사용할 수 있도록 독려하고 모임을 만들어 운영해야 한다고 판단했다. 지금 내게 그럴 시간이 있을까? 한번 시작하면 많은 시간을 할애해야 한다. 그리고 수익은 몇 년 후에 천천히 들어온다. 현재 나는 하루하루 생활비를 벌어야 한다. 그리고 종잣돈을 모아야 한다. 현재 하고 있는 수련장 운영도 생소하기에 마케팅에 대해서도 배우고 있다.

일과를 마치고 밤에 부동산 공부를 할 시간이 모자란다. 성격상 두 가지 일을 한꺼번에 못 하지만 지금은 그래도 수련장 운영과 부동산 공부를 병행하고 있다. 내게는 이 다단계 사업에 뛰어들 여력이 없다. 여기까지 판단한 나는 더 이상 모임에 참석하지 않았다. 하지만 좋은 제품은 계속 쓰고 있다.

사업이 아닌 단순 노동을 할 수 있으면 생활비에 보탬이 되기에 대리운전기사를 해볼 생각도 했다. 여러모로 알아본 결과 밤 10시에 수련 지도가 끝나는데 그 시간에만 나와서 할 수 있는 사람은 기존 경력자들이었다. 막 일을 시작하는 사람은 일찍 나와서 사무실을 지키는 일도 병행해야 하기에 나는 할 수 없었다. 대학 시절에 오토바이로 퀵서비스 일을 한 적이 있다. 낮에 시간이 남으니 몇 시간만 할 수 있지 않을까 했지만 역시 3~4시간 파트타임 일은 찾을 수 없었다.

수련장 운영으로 생활비와 종잣돈을 만들 계획이었다. 시간은 참 빠르게 지나갔지만 돈은 모이지 않았다. 좀 모였다 싶으면 시설을 보충하는 데 쓰고 있었다. 지난 가을에 샷시를 갈았고 겨울에 들어서면서 추위에 대비하는 공사를 해야만 했다.

돈 벌기 시작해 1년이 지난 힘든 시기, 수련을 지도하는 지도자 역할은 자신 있었지만 수련장 운영자 역할은 초보이었기에 이 것저것 어려운 문제가 생겼다. 마케팅 업체와 제휴해서 운영도 해봤지만 별 효과를 거두지 못했다.

현재 상황에서 종잣돈을 더 빨리 모을 방법들을 생각하고 실천했지만 밤늦게 혼자 생각해 보면 항상 제자리를 맴도는 듯해 답답 하기만 했다.

그 무렵 임대아파트에 당첨되었다는 좋은 소식을 듣게 되었다. 마흔세 살이 될 때까지 내 집을 가져본 적이 없기에 임대아파트 당첨에 필요한 점수가 좋았단다. 아이들이 셋이기에 다둥이 가족으로 가산 점수를 얻었단다.

'역시 사람은 목표를 잡고 염원을 하고 행동을 하면 이루어지는구나!'라며 기쁜 마음을 즐기고 있었다.

하지만 이내 걱정이 시작됐다. 임대아파트 보증금이 적어도 2000만 원이 필요했다. 경매로 투자할 돈 1000만 원 만들기도 벅찬 입장에서 마음이 급해졌다.

임대아파트 중 제일 큰 34평형을 신청했기에 집을 꾸미려면 돈이 필요했다. 11평 빌라에서 다섯 식구가 살았으니 가구도 별로 없었다. 한 번도 사본 적 없는 소파와 그에 걸맞은 가구, 새 집에 어울리는 가전제품을 마련하고 싶었다.

방이 3개라서 고등학교에 들어가는 큰아들과 중3으로 전학을 해야 하는 둘째아들에게 자기 방을 꾸며줄 계획이었다. 나는 어렸을 때 내 방을 가져본 적이 없다. 어린 시절 갖고 싶었던 방을 생각하면서 두 아들에게 침대, 책상, 옷장 등 모든 것을 마련해주고 싶었다. 처음으로 '아빠 노릇을 제대로 해야지!'라는 생각이 머릿속에 꽉 차 있었다.

'돈이 필요하다.'

# 아빠가 약속할게,
# 다시는 이사 다니지 않기로!

돈을 벌겠다고 다짐하고 첫 번째로 떠오른 생각은 아이들의 거처를 한곳에 만드는 것이다. 큰애가 태어난 뒤로 열 네번의 이사를 했고 첫째와 둘째는 유치원과 학교를 네 번씩이나 옮겼다.

이사를 다니지 않으려면 평생 머물 수 있는 동네를 정해야 한다. 적어도 아이들이 전학을 가지 않고 한곳에서 초, 중, 고등학교를 다녀야 한다. 고등학교를 졸업하고 대학을 간다거나 사회생활을 하면 독립해서 생활하는 것으로 아들들에게 항상 말했다. 그 전까지는 첫째와 둘째는 중학교, 고등학교를 한곳에서 다닐 수 있는 동네가 좋겠다. 막내는 유치원부터 고등학교까지 한 동네에서 다녀야 한다. 집은 아파트를 얻어야 한다. 동네만 좋다고 아이들이 행복하지는 않을 테니 말이다.

이때 임대아파트에 신청할 자격 조건을 알아봤다. 우리 가족은 한 번도 신청한 적이 없었다. 집을 가져본 적도 없고 아이가 셋이라 혜택이 있었다. 충분히 입주 가능성이 높았다.

그렇다면 신도시 임대아파트를 알아보자. 아파트도 신축이고 학교도 신축이고 시간이 지나면서 동네는 더욱 좋은 모습을 갖출 것이다. 처음엔 임대아파트로 시작해서 일반 아파트로 이사가면 된다. 또 시간이 지나면 그 동네에 상가주택을 하나 사서 월세를 받으며 지내면 좋을 것이다. 경매로는 충분히 가능하다.

경기도 남양주 별내신도시!

신도시를 여러 군데 알아보고 1년여의 고심 끝에 결정을 했다. 여기엔 막내가 다닐 유치원과 초등학교, 첫째와 둘째가 다닐 고등학교가 사거리를 두고 붙어 있다. 현재 경춘선역이 있고 몇 년 후 4호선 연장으로 서울 강북으로 나갈 수 있다. 9호선 연장으로 서울 강남으로 나갈 수 있으며 서울 외곽순환도로를 끼고 10분만 이동하면 강변북로와 올림픽대로가 연결된다. 너무나 좋은 교통 요지이다. 북부간선도로가 있어 서울 종로로 출근하는 나에게도 편하다.

"아저씨, 옷장은 거기 놔주세요. 소파는 저쪽이구요."

오늘은 3일 후에 이사 들어올 임대아파트에 가구가 들어오는 날이다. 가장으로서 처음으로 내 집이라는 걸 마련했다. 물론 아이들 엄마의 공도 컸다. 11평 연립주택에 있는 가구는 이사를 다니는 동안 망가져서 가져올 것이 거의 없었다.

지금 기분은 묘하게 좋다. 생전 처음 마흔네 살에 집을 마련했다. 임대주택이지만 상관없다. 돈을 벌겠다고 아이들과 약속한 지 2년 만의 일이다. 내 계획대로 세상이 흘러가고 있다는 확신마저 들었다. 아이들 방도 하나씩 만들어 주는 아빠가 됐다. 막내는 아직 어리니까 좀 더 크면 방을 만들어 주고 중학생인 첫째와 둘째에게 방을 하나씩 고르라고 했다. 애들 침대도 샀다. 침대 생활을 하는 것도 이번이 처음이다. 애들 방에 침대, 책상, 의자, 옷장, 책장, 이불과 창문 블라인드까지 완전 새것으로 장만했다. 아빠로서 너무 뿌듯했다.

여기서 몇 년을 살다가 이 동네의 좋은 아파트로 이사를 할 계획이다. 별내신도시는 이제 입주가 시작됐고 앞으로도 계속 진행될 것이다. 신도시 아파트에 입주하기 시작하면 2~3년 후부터 경매 물건이 나오기 시작한다. 대출받아서 분양을 받았다가 이자를 갚지 못해서 매물이 나오는 경우가 많기 때문이다. 이런 아파트를 경매로 낙찰받으면 분양가보다 훨씬 싸게 살 수 있어 수익이 크다.

경매 투자를 꾸준히 해서 3억 정도의 종잣돈이 생기면 10억 안팎의 상가주택을 매입할 수 있다. 운이 좋게 이 동네의 상가주택이 경매로 나온다면 더할 나위 없다. 1층 상가와 2~4층 주택에서 월세를 받으면 안정적인 생활 터전을 마련할 수 있다.

가구를 제자리에 배치한 아저씨들은 이제 현관문을 나서고 있다. "집이 좋네요." 젊은 아저씨가 한마디 한다. 인사성 멘트겠거니 해도 기분은 좋다. 현관문을 닫고 중문을 닫고 집 안을 한 번 둘러본다. 거실의 소파와 TV, 주방의 가전제품과 5인용 식탁, 다용도실의 드럼세탁기, 안방의 장롱과 침대와 화장대, 아이들 방의 모든 가구와 따뜻한 침대 위 이불까지….

　'이제 이사만 오면 된다.'

아이들의 웃음소리가 벌써 귓가에 맴돌고 있다. 한 달 전에 막내가 공립유치원에 갈 수 있다는 통지서를 받고 너무 기뻤다. 첫째와 둘째도 이제 마지막으로 전학을 하면 된다. 뿌듯했다.

이제 여기서 자리를 잡을 것이다.

# 다시 무능한
# 아빠가 됐다

'아, 또다시 이사를 가야 하다니… 가슴이 너무 답답하다.'

경매로 산 작은 집들로 유주택자가 된 나는 임대아파트 재계약을 할 수 없다. 계약 기간 2년 동안 열심히 돈을 모아 일반 아파트로 보란 듯이 옮겨갈 계획이었다.

1. 임대아파트를 사는 2년 동안 1억 원을 모은다.
2. 돈을 모으는 2년 동안 경매로 나오는 일반 아파트를 주시한다 (2014~2016년 별내신도시에 경매로 나온 아파트 물건은 15건이다).
3. 감정가 약 4억 원의 아파트를 3억 5000만 원에 낙찰받는다.
4. 낙찰가 3억 5000만 원의 80%인 2억 8000만 원을 대출받는다.
5. 2년 동안 모은 1억 원으로 잔금과 세금을 내고 이사한다.

계획을 실행하기 위해서 월급을 받던 수련원 원장을 그만두고 서초동에 명상센터를 개원했다. 회원들의 도움으로 30평 오피스 텔을 얻어서 깔끔하게 인테리어를 하고 부푼 마음으로 문을 열었다. 목표는 월 2000만 원의 수익을 내는 것이었다. 시간이 갈수록 나는 '내가 헛된 꿈을 꾸고 있나?'라는 생각으로 우울해졌다. 월 2000만 원은커녕 500만 원의 수익도 내지 못했다.

그때의 내 모습을 돌이켜 생각해 보면 돈키호테가 생각난다. 내자신의 상태를 모르고 무모한 용기만으로 세상을 얕잡아 보던나는 보기 좋게 나동그라졌다. 몸과 마음의 수련을 지도하는데 자신 있다고 믿었던 나는 사업가가 아니었다. 준비는 너무미약했고 사업에 대한 공부도 하지 않았다.

2014년 명상센터 오픈

결국 아들들과 한 약속을 지키지 못하는 아빠가 됐다는 생각에 한없이 허탈했다.

이런 나의 허탈함엔 아랑곳없이 별내신도시엔 일반 아파트들이 경매로 나오기 시작했다. 내가 예상했던 대로 신도시 입주 후 3~4년이 지나면서부터 아파트 매물은 줄줄이 이어졌다. 우리가 사는 임대아파트 바로 길 건너에도 물건이 나왔다. 내가 예상했던 금액의 물건들은 계속 나타났고 나는 그 물건들을 보면서 엇갈리는 감정을 느꼈다. 내가 생각한 대로 세상이 움직이고 있어서 기뻤고, 내가 움직인 대로 돈이 벌리지 않아서 슬펐다.

출처: 탱크옥션

**2014년도 별내신도시에 경매로 나온 일반 아파트 물건**
이 물건 외에 수십 건의 아파트 물건이 매물로 나왔다.

아이들이 전학 가지 않기 위해 이 동네를 떠나면 안 된다고 생각했다. 작은 집으로 옮겨서 아파트 생활을 못 하고 예전에 살던 작고 좁은 빌라 생활을 하더라도 아이들 학교만큼은 옮기고 싶지 않았다. 하지만 여긴 신도시이기 때문에 임대아파트보다 싼 거주 형태는 없다. 임대아파트 보증금과 임대료로는 이 동네에서 얻을 수 있는 집이 없다. 찾아보고 찾아봐도 세 배의 보증금과 월세가 필요했다. 면적도 1/3이 줄어든 상가주택이다. 2년 전에 산 가구와 짐이 모두 들어갈 만한 최소 면적의 집도 없다. 그 동네에 있으려면 짐의 반은 버려야 한다.

나는 아이들을 데리고 이 동네를 떠나야 한다.

나의 무능함이 2년 만에 다시 드러났다. 세상이 나를 무시하는 건 얼마든지 견딜 만하다. 하지만 아이들에게 그런 아빠로 비칠 걸 생각하면 쥐구멍을 찾고 싶은 심정이다. 더 이상 피할 수만은 없어 아이들에게 무능한 아빠의 지금 상황을 말해야 한다.

"아빠가 약속을 못 지켰어, 미안해! 우리가 다시 이사를 가야 돼."

"또 전학 가야 돼?"

"아니, 전학은 안 해도 되는데 통학하는 데 50분 정도 걸려."

큰아들과 둘째아들은 전학 가는 것이 제일 걱정이었다. 막내는
유치원을 졸업하는 해라서 이사 후에 초등학교에 입학하면 된
다. 아이들에게 이말을 꺼내기가 참 힘들었다. 이 말을 전달한
후 고개를 들지 못하고 아이들의 대답을 기다렸다.

"괜찮아, 아빠! 이사 가도 돼."

# 돈 한 푼 없이
# 집을 산다고?

다시 또 이사를 가야 하는 못난 아빠가 되었어도 경매는 꾸준히 진행했다.

유튜브를 보고 난 후 나는 더욱 경매에 확신이 생겼다. '돈 없이 집을 사서 돈을 번다'는 내용을 정리하면 이랬다.

부동산경매를 이용하면 6000만 원 짜리 집을 3000만 원에 낙찰받을 수 있다.

낙찰 가격의 90%를 대출받을 수 있다.
3000만 원의 90%는 2700만 원이다. 2700만 원의 대출이자는 연 4%로 108만 원, 한 달에 9만 원이다.

월세를 30만 원 받으면 정확히 21만 원이 매달 생긴다. 이것은 생활비에 보탠다. 보증금은 500만 원 받는다.

등기 이전 시에 필요한 취등록세와 법무사 수수료는 명도비를 포함해 대략 낙찰가의 5%를 잡는다.
3000만 원의 5%는 150만 원이다.

수리비는 도배, 장판 비용으로 50만 원으로 한다.
정리해 보면,

* 감정가 6000만 원짜리 집을
* 낙찰가 3000만 원으로 살 때
* 대출금 2700만 원(낙찰가의 90%)을 받아서
* 내 돈 300만 원과 같이 납부한다.
* 이전비는 150만 원(세금과 부대 비용 포함, 낙찰가의 5%)으로 간주하고
* 수리비 50만 원으로 집을 꾸민다.

여기서 내가 마련해야 할 돈은

* 잔금 300만 원
* 이전비 150만 원
* 수리비 50만 원
* 총 500만 원이다.

수리 후 임대료로 보증금 500만 원에 월세 30만 원을 받으면 내 돈은 한 푼도 묶이지 않는다.

이 집을 2~5년 보유하고 5000만 원에 매각한다. 감정가 대비 싼 가격이므로 매각 가능성이 있다. 수익은 2000만 원이다. 또 매달 21만 원의 월세 수익이 여분으로 생긴다.

하지만 예상할 수 있는 손해 상황을 몇 가지 짚어봐야 한다.

1. 명도가 길어진다. 이자는 나가고 월세는 들어오지 않는 기간이 늘어나는 것이다.
2. 수리할 비용이 늘어난다.
3. 월세가 안 빠진다(이것은 물건을 조사할 때 해결되는 문제이지만 경제 상황의 변수가 있다고 생각해야 한다).
4. 월세입자가 월세를 안 낸다(명도소송을 확실히 알면 손해 없이 해결된다. 단, 보증금을 월세의 10배 이상 꼭 받아야 한다).
5. 유지비용이 필요하다.

그렇다면 예상할 손해액까지 포함해서

1. 매달 21만 원의 월세 수익을 10만 원으로,
2. 매각 시 수익을 2000만 원이 아니라 1000만 원으로 수익의 절반 이상을 빼더라도
3. 매달 10만 원 수익, 최대 5년 후엔 1000만 원의 수익이 생긴다.

밑지는 장사가 아니다!

내가 여기서 눈이 번쩍 뜨인 이유는 아주 적은 돈으로 땅을 살 수 있다는 것 때문이었다. 아무리 작은 빌라라도 대지권이 딸려 있다. 몇 평 안 되는 땅일지라도 내가 그토록 소망하던 땅을 가질 수 있다는 희망이 생긴 것이다. 이제 빌라를 선택할 때 될 수 있으면 대지권이 넓은 집을 고르면 된다.

다음 날 교보문고에 가서 경매 책 20여 권을 사서 차근차근 탐독했다. 무료, 유료 세미나도 쫓아다녔다. 유튜브도 매일 2시간 이상 보면서 정리했다. 3년 정도는 정신없이 공부했다. 꾸준히 공부를 하면서 방향이 정해지기 시작했고 계획을 세운뒤 실행에 옮겼다.

이런 집을 1년에 4채씩 계속 사려면,
1. 일을 해서 저축을 한다.
2. 종잣돈 1000만 원을 계속 만든다.
3. 낙찰잔금, 이전비, 수리비를 지불한다.
4. 월세입자를 받으면 보증금을 회수한다.
5. 월세와 저축을 병행하면 2년째는 훨씬 빨리 돈이 모인다.
6. 계속 땅(대지권)이 넓은 집을 산다.
7. 돈이 되는 집을 계속 샀다면 10년 내에 재개발에 해당하는

집으로 인한 큰 수익을 기대할 수 있다(문재인 정부의 다주택자 규제정책으로 위 계획은 수정해야 했다).

보증금을 받고 투자금을 회수해서 결과적으로 내 돈은 한 푼도 묶이지 않는 투자를 하려고 했다. 하지만 실행할 때는 계획처럼 되지 않았다. 수익이 일정치 않았기 때문에 대출 90%가 아닌 80%가 적정선이었다. 따라서 집을 한 채 살 때마다 약 500만 원 정도가 묶이는 상황이 되었다. 그래도 내게 있어 적은 돈으로 땅을 살 수 있는 방법이 생겨서 꾸준히 진행했다.

# 건강과 바꿔서 번 돈 2억 원은
# 10년 만에 21억 원이 되었다

'이걸 눌러야 하나?'

내 손가락은 떨리고 있었다. 내 인증번호를 누르면 돈이 통장으로 들어온단다. 이게 사실일까? 은행 거래라고는 해본 적이 없는 내가 은행도 아닌 대부업체에서 돈을 빌리고 있었다.

부동산경매를 하기로 마음먹고 1년 안에 3000만 원을 모으려고 했던 내 계획은 실패했다. 수련장 운영이 생각대로 되지 않았고 수익이 늘어난 만큼 수련장을 보수 해야만 했다. 유지비용도 늘어났다. 임대아파트 보증금도 마련해야 했다. 2년이라는 시간이 순식간에 흘러갔고 종잣돈은 모이지 않았다. 하지만 공부는 쉬지 않았다.

이제 경매 물건을 보면 돈이 될 물건들을 골라낼 수 있었다. 2~3000만 원만 있으면 서울에 있는 작은 빌라를 충분히 낙찰받을 수 있었다. 하지만 나는 돈이 없었다. 시간이 지날 수록 조바심이 났고 빨리 첫 물건을 낙찰받아서 나의 투자 인생의 물꼬를 트고 싶었다. 내 자신을 벼랑 끝으로 몰고 갈 작정을 했다. 대부업체에서 500만 원을 빌려서 낙찰받을 계획을 세웠다. 공부하는 시간이 길어지면서 지식이 늘어났을 때, 내가 자꾸만 물건들마다 꼬투리를 잡으면서 입찰을 미루는 경향이 생겼다.

"그래, 한번 낙찰받으면 밀고 나갈 수밖에 없으니 손해를 보지 않는 선에서 빨리 낙찰을 받자!"

지금 생각해 보면 어디서 그런 용기가 났는지 모르겠다. 대부업체의 대출 조건은 500만 원에 대한 이자가 24%였다. 하지만 이벤트를 한다면서 첫 3개월만 7%의 이자를 받는다고 했다. 일단 대출받기로 결정을 하고 입찰 물건을 골랐다.

물건은 인구밀도가 높은 인천 지역의 빌라다. 2013년엔 3000만 원으로 낙찰받을 수 있는 물건들을 충분히 찾을 수 있었다. 90%의 대출을 받으면 대부업체에서 빌린 500만 원으로 충분하다. 시장과 교통, 학교를 위주로 위치를 선정하면 임대에 대한 걱정은 할 필요가 없었다. 밤을 새워 물건을 검색하고 입찰일에 맞춰 대부업체에서 돈을 빌렸다.

공부한 대로 경매와 임대가 진행된다면 500만 원을 모두 회수하는 기간은 3개월이다.

- **낙찰받고 잔금을 납부하는 기간** : 한 달
- **명도, 수리 기간** : 한 달
- **임대 기간** : 한 달

계획대로 3개월 안에 임대를 완료해서 보증금 500만 원을 회수하면 대부업체에 바로 상환할 수 있다. 연이율 7%로 3개월 이자는 87,600원이다. 계획이 실패하면 넷째 달부터는 연이율 24%로 매달 10만 원의 이자를 내야 한다.

세 번의 패찰을 경험한 후 네 번째에 낙찰에 성공했다. 첫 물건을 낙찰받을 때, 법정에서 내 이름이 불리는 순간을 아직도 기억한다. 기쁘기보다는 어리벙벙했던 나는 어금니를 꽉 깨물면서 생각했다.

'이제 진짜 발등에 불이 떨어졌다. 앞만 보고 달리자!'

이 책을 읽는 아들도, 그리고 독자 여러분들도 느끼겠지만 인생은 절대 계획대로 되지 않는다. 처음 해보는 명도에 어려움이 있어서 두 달의 시간이 흘러갔다. 임대에서도 두 달의 시간이 지났다. 속이 타들어 갔지만 5개월째 임대가 맞춰졌다. 하지만 예상했던 보증금은 500만 원이 아니라 300만 원이었다. 300만 원이 통장에 들어오자마자 대부업체에 바로 이체했다. 200만 원은 24%의 이자를 내면서 그 후 3개월 정도에 나눠서 갚았던 기억이 난다. 이후에 월세가 매월 통장에 입금되는 경험을 생전 처음 했으며 몇 년이 지난 후엔 전세로 돌려서 투자금을 거의 회수했다. 인천 주안동에 있는 빌라로 현재는 주변이 재개발되면서 활발하게 움직이고 있다.

첫 물건으로 경매 과정 전체를 경험한 나는 낙찰에 속도가 붙었다. 생각이 많은 성격이라서 문제를 찾아내면 끝이 없기 때문에 실행하는 데 시간이 좀 걸리지만 한번 마음먹고 실행하면 한 곳만 보고 달린다. 적은 돈이라도 모이면 바로 경매 입찰을 했고 나의 이런 상황을 지켜보던 주변 사람들이 경매에 관심을 갖기 시작했다.

'내 목표는 경매로 빌딩을 사는 것이다!'라고 공공연히 말하고 다녔고 만나는 사람마다 플랜을 이야기 해줬다. 작은 물건이지만 낙찰받고 임대하고 수익이 꾸준히 생기는 모습을 지켜보던 사람들은 나에게 경매를 가르쳐 달라고 했다. 나에 비하면 자본이 충분한 사람들이 소규모 꼬마빌딩을 낙찰받고 싶어 했다. 그들에게 방법을 알려주면서 나의 경매 실력은 향상됐고 물건 검색, 현장 임장, 시세 조사, 낙찰 과정, 명도, 수리, 임대를 함께 하면서 실질적인 수익을 만들어 냈다.

이런 내 모습을 지켜보던 지인은 나에게 경매 교육을 하는 게 어떻겠냐고 말했다. 명상센터를 운영하면서 가르치는 데만 신경을 쓰고 돈을 벌지 못하는 내 모습을 발견한 나는 결단을 내렸다. 돈을 벌자고 마음먹었으면 한 가지에만 집중하기로 결심했고 이후 명상센터를 접고 경매 교육을 통해서 종잣돈을 만들었다.

임대아파트에서 쫓겨난 후, 아이들에게 거처를 마련해 주고 싶은 마음이 굴뚝같았기에 막내가 다니는 학교 옆 아파트를 2년 간 눈여겨보면서 경매에 나오기를 기다렸다가 공매로 낙찰받았다. 낙찰가는 3억 원, 대출 80% 이상으로 내 돈은 약 6000만 원이 들었다.

생활비가 규칙적으로 들어오기를 원했기에 서울 성북구에 있는 원룸 11개를 낙찰받았다. 낙찰가는 약 5억 원, 대출을 80% 이상 받아서 내 돈은 약 1억 원이 들었다.

서울역 뒤에 있는 완전 지하 빌라 원룸을 낙찰받았다. 낙찰가는 약 5000만 원, 대출을 90% 이상 받아서 내 돈은 약 700만 원이 들었다.

이 외에 작은 빌라들이 있다.
내 물건을 사는 데 든 비용은 약 2억 원이었다.

2022년 6월 이 글을 쓰기 시작하면서 물건들의 시세를 조사해 봤다.
아파트는 3억 원에서 7억원이 됐고, 원룸 11개는 5억 원에서 8억 원이 됐다. 청파동 원룸은 5000만 원에서 4억 5000만 원이 됐다(오세훈 시장이 발표한 신속통합계획의 혜택을 봤다. 뒤에서 자세히 다룬다).

3개의 물건을 합한 총액은 19억 5000만 원이고 나머지 물건에서 수익이 없다고 해도 총자산은 21억 원 정도가 된다. 마흔두 살에 시작한 돈 벌기가 쉰두 살에 결실을 보게 되었다.

여기서 아파트, 원룸 11개, 청파동 원룸 이 3개 물건만 생각하면서 중요한 점을 짚어보자.

내가 3개의 물건을 샀을 때 자산은 8억 5000만 원이었다.

- 빌린 돈(부채)은 6억 8000만 원으로 80%이다.
- 순전히 내가 벌어서 모은 돈(자본)은 1억 7000만 원으로 20%이다.
- 시간이 지난 후 3개의 물건 자산은 19억 5000만 원이 되었다.
- 빌린 돈(부채)은 여전히 6억 8000만 원이다. 약 35%로 줄어들었다.
- 반면 내 자본은 12억 7000만 원이다. 약 65%로 늘어났다.
- 내 자본은 1억 7000만 원에서 10년 만에 12억 7000만 원이 됐다. 순수하게 11억 원을 벌었다.

아들에게 전하고 싶은 말은 단순히 돈을 벌었다는 얘기가 아니다. 나는 11억 원보다 더 값어치 있는 것을 벌었다. 그것은 바로 나의 능력이다. 나는 이제 부동산경매로 돈을 벌수 있는 방법을 공부하고 실행해서 결과를 만들었다. 이 능력은 앞으로도 11억 원보다 더 가치 있는 나의 삶을 만들어 줄 것이다.

돈을 버는 기간 동안 건강이 많이 나빠져 면역력이 떨어졌다. 비타민주사를 한 달에 2번 이상 맞아야만 했고 만성비염으로 콧물과 재채기가 쉬지 않고 나왔다. 비염으로 후각이 거의 상실됐다. 몸이 아프니까 아들에게 해주고 싶은 말을 빨리 정리해야겠다는 생각이 깊어졌다. 현재는 건강을 서서히 회복하면서 글을 쓰고 있어 행복하다.

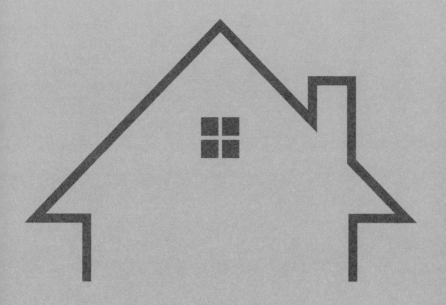

단돈 730만 원으로 산 집,
3억 7000만 원에 팔았다

사람들은 내가 730만 원으로 서울에 집을 샀다고 하면 세 가지를 묻는다.

첫 번째, 그렇게 적은 돈으로 살 수 있는 집이 서울에 있느냐,
두 번째, 그 집이 어떤 집이냐,
세 번째, 왜 샀냐고 묻는다.


나는 이렇게 답한다.

첫 번째, 지금도 부동산경매로는 적은 돈으로 살 수 있는 집이 서울에 있다.
두 번째, 그런 집은 사람들이 사려고 하지 않는 집이다.
세 번째, 나는 돈이 없어서 그런 집을 샀다.


종잣돈을 만들려고 일했고, 모르는 게 많아서 공부했고,
실패해도 또다시 일어섰고, 휴일에도 쉬지 않고 물건을 찾았다.

이 글이 아들에게 도움이 되길 바라지만
돈을 쉽게 벌 수 있는 방법은 절대로 아니다.

다만 내 작은 경험이 상처에 덧이 나지 않도록
바르는 빨간 약처럼 쓰이길 바란다.

# 앗싸! 서울역 뒤 청파동
# 땅 발견! - 물건 점검

눈이 번쩍 뜨였다!

새벽 3시, 뻘겋게 충혈된 눈을 비비며 물건을 검색 중이었다. 앉은뱅이책상은 머리맡에 있다. 창밖으로 지나다니는 차 소리와 함께 가끔 취객의 고성 소리가 들린다. 낮에는 사무실, 밤에는 온전히 나의 작은 방이다. 전등을 켜지 않아서 캄캄했다. 노트북 화면의 빛만이 나의 얼굴을 비추고 있었다.

서울에 땅을 사야 한다는 생각은 집착이 되어버렸다. 최대한 빠른 시간 내에 사야 한다는 생각이 나를 사로잡았다. 땅값은 '지금'이 가장 싸기 때문이다. 대한민국 땅값은 IMF 시기에 딱한 번 떨어졌다. 항상! 계속 땅값은 오른다. 아들이 크기 전에 집을 마련해야 한다. 돈이 없어도 사야 된다. 작은 빌라를 사면 대지권을 얻을 수 있기에 땅을 살 수 있다는 희망을 가졌다. 하지만 아무리 봐도, 눈을 씻고 찾아봐도 서울의 땅은 보이지 않았다. 항상 500만 원을 모아서 투자하려던 사람이 나였다. 서울의 땅은 적어도, 정말 아주 적게 잡아도 2000만 원을 투자해야 되는 물건들뿐이었다.

그래도 매일 새벽, 물건 찾는 일을 게을리하지 않았다. 돈이 수중에 들어오면 곧바로 실행할 수 있도록 준비를 철저히 해야 하기 때문이다. 어차피 잠도 잘 안 오는 상황이었다. 눈이 아파서 이불을 펴고 잠자리에 들면 다시 정신은 말똥말똥해졌다. 잠을 자려 애를 써도 생각이 뒤엉켰다. 몸을 왼쪽으로 돌아누웠다가 오른쪽으로 돌아눕기를 반복, 나도 모르게 갑자기 화가 나서 벌떡 일어난 적이 한두 번이 아니었다.

이날도 마찬가지로 새벽 2시쯤에 누워 이리 뒤척 저리 뒤척하며 잠을 자지 못하고 결국 가슴속에서 답답함이 느껴져 어쩔 수 없이 일어났다. 할 일이 뭐가 있겠나? 다시 경매 물건 검색을 시작했을 때, 바로 그때, 내가 찾던 그 땅이 나타났다.

서울 한복판에 있는 땅이었다. 서울역 근처였다. 걸어서 서울역에 갈 수 있는 동네. 강남3구 다음으로 주목받는 마용성(마포구, 용산구, 성동구) 중에서도 중앙에 위치한 용산구에 있는 땅이다. 가슴이 뛰기 시작했고 눈이 커졌다. 얼굴이 노트북 화면에 닿을 듯 가까워지면서 마우스를 잡은 손이 떨리고 있었다.

경매 물건을 검색할 때는 3단계로 봐야 한다. 1단계는 몇 가지 포인트를 갖고 빨리 본다. 1개 물건을 보는 시간이 20초가 넘으면 안 된다. 그래야 많은 물건을 볼 수 있기 때문이다. 2단계는 1단계에서 찾은 괜찮은 물건을 다시 보면서 '매각물건명세서'를 보고 지도를 세세히 확인한다. 마지막 3단계에서는 2단계에서 좋다고 판단된 물건의 모든 서류를 꼼꼼히 살펴야 된다.

나는 1단계에서, 훑어보듯이 지나가면서 이 물건을 봤다. 그 순간, 창밖에서 지나가는 자동차 소리는 들리지 않았다. 주변이 정막에 싸였고, 5m 깊이의 물속에서 느껴지는 압력이 나의 몸을 감쌌다. 그 정도로 나는 이 물건에 좋은 충격을 받았다. 2단계로 들어가 점검을 해야 되는 순간이다. 떨리는 손을 진정시키면서, 나에게 또박또박 말했다.

"자, 하나씩 하나씩 확인해 보자. 침착하자."

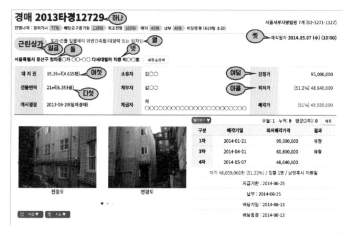

출처: 탱크옥션

700만 원으로 산 경매 물건(서울 땅)의 위치

## 하나,
### '물건 번호는?'
### 2013타경12729

물건 번호는 외우지 않아도 된다. 다만 2013타경이라는 뜻은 2013년도에 경매 물건으로 나왔다는 얘기다. 물건 검색을 하는 시점으로부터 몇 년 전에 나온 물건인지는 알아야 한다. 대부분 좋은 물건은 빨리 낙찰된다. 문제가 있는 물건은 시간이 오래돼도 낙찰되지 않는다. 이런 문제를 해결하면 대박이 터질 수도 있긴 하다.

본 물건은 2014년에 내가 검색을 했으니 1년 전에 나온 물건이다. 정상정인 물건이고 별문제는 없다고 판단했다.

둘,
'위치는?'
서울특별시 용산구 청파동

청파동은 외할머니가 살던 동네다. 외할머니는 교회에서 내주신 방에서 생활하셨고 독실한 기독교인이셨다. 여섯 살 때인가 형들과 외할머니 집에 놀러 갔던 기억이 있다. 그때 우리 집은 연근밭이 가득한 시골이었다. 할머니 집 앞은 흙길이 아니고 몽땅 시멘트 길이었다. 어린 시절에도 부자 동네구나 하는 생각을 했다. 그래서 청파동이 낯설지 않았다.

뭐니 뭐니 해도 우리나라 제1의 기차역인 서울역을 걸어서 갈 수 있는 곳이다. 근처에 있는 숙명여자대학교도 걸어서 간다. 청파초등학교, 배문고등학교는 더 가깝다. 숙명여자대학교를 지나면 선린중학교도 있다. 학교는 주거지에 있어서 대단히 중요하다. 학교가 옆에 있는 집은 시골이라도 제값을 받을 수 있다. 학세권이라 불리는 지역이다.

지하철 1호선 서울역 다음 정거장은 서울시청역이다. 지하철 4호선 서울역 다음은 남대문시장인 회현역이고 회현역 다음은 명동역이다. 지하철역은 역세권이라 불린다. 학세권보다 좋은 자리다. 학교는 학생이 득을 보는 곳이다. 그러나 역세권은 학생도 직장인도 주부도 누구나 득을 볼 수 있기 때문이다.

그리고 서울역은 우리나라 어느 곳이라도 갈 수 있는 기차역이다. 부산을 2시간 만에 가는 KTX, 조만간 서울 근교를 1시간에 가로지르는 GTX가 완공될 예정이다. 엄청난 가치가 있다.

중요한 건 이곳이 서울역 뒤편이라는 점이다. 언덕배기로 올라가면서 집들이 너무 낡았다. 동네가 별로라는 점이 엄청난 이득이다. 서울역에서 우리 동네(이젠 벌써 우리 집이 됐다) 청파동을 지나서 뒤로 더 가면 공덕동이 나온다. 여긴 재개발이 이미 된 곳도 있고 진행하고 있는 곳도 있다.

청파동은 2007년경 재개발 바람이 불었지만 무산됐다. 나에게는 너무 다행이다. 재개발이 무산된 곳은 다음 재개발에서 우선시되는 지역이기 때문이다.

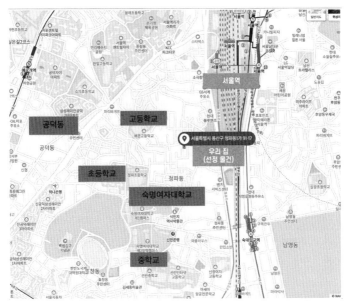

700만 원으로 산 경매 물건(서울 땅)의 위치

셋,

'매각기일은?'

2014년 5월 7일

지금(물건 검색했던 날)부터 3주일의 시간이 남았다. 약간 모자란 듯하지만 괜찮다. 부지런히 조사해서 낙찰받을 수 있는 시간이 다. 평일 낮에 2시간 정도 시간을 빼서 시장 조사를 미친 듯이 해야 한다. 휴일엔 집에 가서 아이들과 지내야 하는데 어쩌나? 그래도 임장을 세 번은 가야 한다. 어떻게든 시간을 만들어야 한다.


넷,
'건물 층수는?'
3층 건물에 지하 1층이다

당연히 지하 물건만 검색했다. 지상 물건에 비해 훨씬 싸기 때문이다. 평균 30%가 저렴하고 50% 이상 싸게 낙찰도 가능하다. 사람들은 지하 물건을 낙찰받기 싫어한다. 일단 '지하'라는 말 자체가 싫은 거 같다. '반지하'라고 말해도 완강한 거부감을 갖는 건 마찬가지다.

첫째가 세 살, 둘째가 두 살일 때 면목동 지하에서 몇 년간 살며 치매가 시작된 아버지를 모셨다. 화장실은 옆집과 같이 사용하는 공동화장실이었고 장마가 오면 오래된 장롱 뒤쪽에서 곰팡이가 피기 시작한다. 휴지에 물이 번지듯이 눈에 보이는 벽까지 옮겨온다. 닦아내도 그때뿐이다. 습기를 말리려고 보일러를 켜면 더위에 아이들이 잠을 못 자는 상황이었다. 아, 옛날이야기 하니까 기분이 좀 안 좋아진다.

나는 참 능력 없는 가장이었다. 아버지에게도 죄송하지만 아이들에게 정말 미안하다. 아무튼 나에게는 이런 최악의 경험들이 도움이 됐다고 본다. 지하층에 대해 사람들만큼의 거부감이 없었기 때문이다.

사람들은 열심히 경매 공부를 한다. 15년 만에 만난 내 친구도 경매 공부를 시작해서 부동산 공인중개사 자격증을 딴 지가 5년이 넘었다고 했다. 너무 반가워서 내가 물었다.

"와, 낙찰 많이 받았겠네. 몇 건이나 받았어?"

친구의 대답은 한 건도 못 받았다는 것이었다. 입찰은 서너 번 했단다. 경매 지식도 나보다 훨씬 나은 거 같은데도 계속 공부만 하고 있었다. 공부가 모자라서 낙찰을 못 받는다고 생각하고 있었다.

내가 볼 땐 생각이 바뀌지 않아서 그렇다. 돈도 분명히 나보다 훨씬 많다. 본인이 봐서 좋고 남들이 보기에 좋은 물건을 싸게 낙찰받기를 원하기 때문이다. 그런 물건은 돈을 벌 수 없다. 고작 5억 원짜리 아파트를 2000만 원 싸게 사는 것이다.

물론 그것도 좋다. 2000만 원도 결코 적은 돈이 아니다. 하지만 그렇게 한다면 경매를 통해서 많은 돈을 벌기는 어렵다. 경매로 돈을 벌려면 5억 원짜리 땅을 반값에 사야 한다. 이런 물건은 일반 사람들, 즉 남들이 고르지 못하는 물건이기 때문이다.

'반지하'가 돈이 된다는 말을 듣고 생각을 바꾼 사람들은 임장에서 완전히 무너진다. 현장에 가서 직접 물건을 보면 경매 사이트에서 보는 것과는 완전 딴판이다. 생각했던 것보다 더 안 좋은 모습을 보게 된다.
'이런 집에서 누가 살겠어? 나는 죽어도 못살아!' 하는 말이 절로 나온다.

결국 땅을 사는 게 아니라 집을 산다는 생각 때문이다. 이 생각이 바뀌지 않는 한 이런 집을 사는 사람은 거의 없다.

내가 좋아서 펄쩍 뛴 이유는 여기에 있다. 싸게 살 수 있다. 더 좋은 건 지하 빌라라는 점이다. 같은 평수의 지상 빌라와 대지지분이 같다는 점이다. 같은 땅을 지하라는 이유로 싸게 살 수 있다. 이건 엄청난 이득이다. 왜냐하면 재개발이나 재건축 시에는 땅의 평수로 계산을 하기 때문이다. 같은 땅의 지분권자로서 권리를 행사할 수 있다.

다섯,
'건물 면적은?'
6.3평

현재 원룸으로 사용하고 있다. 서울 평균 원룸 사이즈다. 좀 큰
원룸은 9평, 작은 원룸은 4평이다. 서울 한복판에 있는 원룸은
공실이 없다. 서울에 있는 모든 집이 그렇듯이 말이다. 서울엔
사람이 너무 많아 주거 공간이 부족하고 아무리 허름한 집도
임대가 가능하다. 문제는 이런 원룸 사이즈의 매각 물건이 별로
없다는 것이다.

원룸이 있는 건물을 다가구건물이라고 한다. 건물주는 한 사람
이고 원룸의 임대료 수익으로 생활하는 사람이다. 대부분 퇴직
자들이 선호하는 건물이다. 평생 직장 생활을 하고 퇴직금을
받아서 저축한 금액과 합해 다가구건물을 매입한다. 물론 대출
을 받는다.

예를 들어보자.
퇴직금 3억, 저축한 돈 3억, 대출 6억을 받아서 12억 원의 다가
구를 매입한다. 대출 6억 원에 대한 이자를 3%로 잡으면 1년에
1800만 원의 이자를 납부해야 한다. 매월 150만 원이 이자다.

12억 원의 다가구에는 1개 층에 4개의 원룸이 있다고 하면 3개 층에 총 12개의 원룸이 있다. 노년의 부부는 꼭대기층에 거주하며 건물을 관리하고 임대료를 받아서 생활하면 된다.

월세 40만 원을 받는다면 월수입은 480만 원이다. 이자 150만 원을 납부하면 순수입은 330만 원이다. 충분히 생활 가능하기에 퇴직자들의 로망이 된다.
나도 이런 원룸 사업으로 생활비를 버는 게 그 당시 꿈이었다. 그리고 상가빌딩을 구입해 월세를 받는 것이 목적이었다.

위에서 보듯이 원룸은 전체 건물에 딸려 있기에 조각조각 매각하지 않는다. 구매력이 떨어지기 때문이다.
6평짜리 집을 사고 싶어 하는 사람은 별로 없다. 단지 월세로 혼자 살다가 결혼을 하면 집을 마련해서 떠나려는 사람이다. 또는 대학 생활을 하는 학생들이 주된 입주자다. 그래서 대학가 주변에 원룸이 많다. 예전엔 하숙을 했다면 지금은 원룸 생활을 하는 것이다.

자, 현실로 돌아오자. 나는 돈이 없어서 작은 집을 구하고 싶었지만 물건이 없기에 살 수 없었다. 하지만 이 물건은 내가 찾던 작은 집이다. 적은 돈으로 살 수 있다.

사람들이 6평짜리 집을 사고 싶어 하지 않는다는 것은 낙찰 경쟁률이 낮아지기 때문에 내게 있어 큰 기회가 된다.


여섯,
'대지권은?'
4.6평

대지권이란 '대지를 사용할 수 있는 권리'라는 뜻이다.
우리가 단독주택을 매입하면 건물등기부등본과 토지등기부등본을 보게 된다. 그러나 아파트와 빌라 같은 공동주택은 등기부등본에 건물과 대지권이 명시되어 있다.

단독주택에는 토지의 정확한 면적과 위치가 내 땅으로 표기된다. 옆에 있는 땅과 확연하게 구분된다. 공동주택에는 내 땅의 정확한 면적은 표기되지만 위치는 표시될 수 없기 때문에 대지권이라고 표기한다.

예를 들어 보자.
하나의 빌라 건물에 10개의 집이 있다. 10개의 집주인은 각각 다른 사람들이고 분양을 받아서 입주했다. 이 빌라는 하나의 땅에 세워져 있다. 그 땅은 집주인들이 분양을 받을 때 조각을 내서 등기부등본에 표기해야 한다. 그래서 10등분을 내어 10개의 등기부등본에 정확하게 표기한다. 이때 그 땅은 도로에 붙은 땅이 있고 반대로 도로에 붙지 않은 땅이 있다.

| 6 | 7 | 8 | 9 | 10 |
|---|---|---|---|----|
| 도로에 붙지 않은 땅 | | | | |
| 1 | 2 | 3 | 4 | 5 |
| 도로에 붙은 땅 | | | | |
| 도 로 | | | | |

그림 예시

위의 그림에서 당신이라면 두 종류의 땅 중에 어떤 땅을 자신의 등기부등본에 표기하고 싶은가?

당연히 도로에 붙은 땅이다. 이 땅이 가격이 높고 쓸모가 있기 때문이다. 이런 상황이라면 집주인들은 분명히 싸움을 할 것이다. 집을 살 때 도로 옆의 땅을 자기가 가지려고 말이다. 반면 도로에 붙지 않은 땅을 포함한 집은 팔리지 않거나 싼값에 팔릴 게 분명하다.

따라서 10개의 등기부등본에는 땅을 골고루 분배하는 면적이 정확하게 표기된다. 하지만 그 땅의 위치는 표기되지 않기에 대지권, 즉 '대지를 사용할 수 있는 권리'라는 이름으로 표기된다.

내가 살 집의 대지권은 4.6평이다. 집의 평수가 6.3평에 비해 대지권은 엄청 큰 것이다. 일반 25평 아파트의 대지권은 평균 40%이다. 그것에 비하면 이 집의 대지권 비율은 약 70%에 달한다. 엄청나게 높은 대지권 비율이다. 노다지란 생각이 번쩍 드는 것은 당연하다. 이 대지권이 중요한 이유는 또 있다. 재개발 또는 재건축이 진행될 때 대지권이 높은 것은 매우 중요하다. 분양권을 받느냐 못 받느냐의 차이가 될 수 있다.

일곱,
'건물 용도는?'
근린상가

  "어! 상가라고?"

나중에 같이 공부하는 친구에게 물건을 보여줬더니 놀라며 말했다. 나는 그렇게 말하는 친구를 보면서 더 의아해했다. 같이 땅을 사자고 의견일치를 봤던 친구다. 근데 땅을 안 보고 용도를 보고 있었다. 그래서 내가 얘기했다.

"땅이 넓잖아. 대지권이."

"그래도 6평 상가가 지하에 있으면 누가 들어오겠어? 그것도 상업지역도 아니고 주택가에. 그리고 지금 원룸으로 사용한다며? 위반건축물로 등록돼 있으면 '이행강제금'(벌금)을 물어야 되잖아."

이런 얘기는 이미 공부하고 토론하면서 결론을 낸 상태였다. 임대는 어떻게든 낼 수 있다. 왜? 그 주변에 지하방 공실이 없다면 무조건 가능하다. 벌금보다 이익금이 훨씬 크다면 벌금을 내도 무방하다. 하지만 막상 눈앞에 닥치면 공부한 것이 종이 쪼가리처럼 무용지물이 되는 것 같다.

나라고 안 그랬겠는가? 그래도 마음을 다잡고 또 다잡았다. 밤새 잠을 안 자면서 문젯거리를 도마 위에 올려놓고 이리도 잘라보고 저리도 잘라봤다. 그래서 이전에 결정 내린 답을 확인했고 최후의 보루인 믿을 만한 친구에게 마지막 동의를 구했다. 다른 사람에게는 말도 하기 싫었다. 경매 경쟁자로 내 물건을 뺏길 것만 같았다. 나에게 남아 있는 찌꺼기 같은 의심을 이 친구가 날려 보내줄 줄 알았다. 정말로.

'와, 대박 물건인데? 어떻게 찾은 거야?'

라고 할 줄 알았다.

그런데 이게 웬걸!
친구는 없애고 없애놓은 나의 의심을 다시 키웠다.

아, 이거 다시 생각해 봐야 하나? 갑자기 의심의 불길이 활활
타올랐다. 할 수 없이 혼자 조용히 시간을 가졌다.
번득 떠오른 생각에 나는 무릎을 탁 쳤다.

  '같이 공부한 친구마저도 이 물건에 입찰을 안 하는데 누가
  입찰하겠어? 이런 물건을 살 사람은 거의 없구나.'

남들이 보지 못하는 돈이 이런 거구나 했다.

여덟,
'감정가는?'
9500만 원

경매가 시작되면 법원에서는 감정평가사에게 물건의 감정을 의
뢰한다. 값어치를 책정해야 매각 가격을 정할 수 있기 때문이
다. 경매를 처음 시작하는 입장에서는 이 감정가에 대단히 민

감하다. 감정가 대비 최저가의 가격이 낮으면 낮을수록 좋은 물건으로 취급한다. 그러나 이것은 오류다. 현장에서 지금 시세를 알아보면 감정가와 다른 경우가 허다하다. 완전히 좋은 물건일수록 또는 완전히 나쁜 물건일수록 확연히 차이가 난다.

아파트 감정가는 대체로 시세에 근접하게 책정되는 경우가 많지만 이 또한 변하는 경우도 많다. 이전 매매 결과가 감정 가격의 근거가 된다. 매매가 거의 없는 동네의 집은 감정 가격을 평가하기가 쉽지 않다. 또 가격이란 수요자의 심리에 따라 움직인다. 여기에 부동산은 정책에 민감하다. 이런 변수가 많기 때문에 감정가를 그 물건의 적정 가격으로 보는 것에는 많은 오류가 있다.

또 하나의 오류가 있다. 경매는 시작할 때 물건 감정을 한다는 것이다. 일반적으로 감정한 시점에서 1년이 지난 후에 경매 매각기일이 잡힌다. 좋은 물건들은 1년이라는 시간 안에도 가격 변화가 심하다. 경우에 따라서 2년, 3년, 5년 후에 매각기일이 잡히기도 한다. 감정 가격이 확정적이지 않은 이유이다.

9500만 원의 감정가는 지나가듯이 보아야 한다. 내게 별로 중요한 의미가 아니다. 나머지 포인트를 가지고 따져야 한다. 부동산에서 가장 중요한 것은 위치다.

아홉,

'최저가는?'

4864만 원

최저가는 경매 초보자에게 엄청난 매력을 가진다. 감정가에 대비해서 너무 싸게 보이기 때문이다. 서울에서 매각이 되지 않은 물건의 유찰 가격은 매번 20%씩 떨어진다. 경기/인천 지역은 대략 30%의 가격이 하락한다. 2번 유찰되면 49%의 가격이 된다. 반값이 되기에 너무 싸 보인다. 여기에 혹해서 물건에 마음을 주게 된다. 한번 마음을 주면 안 좋은 점들이 점점 좋게 보이기 시작한다. 매우 조심해야 하는 순간이다.

이 물건은 3번 유찰됐다. 한 번에 20%씩 하락했고 현재 감정가 대비 51%의 가격이다. 완전 반값으로 나도 혹했다. 일단 반값이라고 보이는 유혹은 강렬했다. 그래도 정신 차려야 했다. 부동산은 위치가 가장 중요하다는 생각을 다시금 되새겼다. 위치는 서울역이니까 괜찮은 가격이다.

여기서 중요한 점을 다시 짚고 넘어가자.
'나는 집을 사는 것인가? 아니면 땅을 사는 것인가?'
분명히 땅을 사는 것이다.

이 건물의 사용승인일은 2008년이다. 경매기일이 2014년이면 6년 된 건물로 감정평가사는 건물 가격을 약 7000만 원으로 책정했다. 땅값은 2500만 원이었다. 국토교통부 실거래가 자료에 따르면 내 물건이 위치한 청파동1가에 15평짜리 빌라가 2억 4000만 원에 거래되었다. 평당 거래가격은 1600만 원이다. 물론 이 물건은 지상층일 것이다.

만약에 내가 이 물건을 5000만 원에 낙찰받는다면 평당 매입가격이 매우 낮다. 건물 면적이 6.35평이다. 땅과 건물을 포함한 평당 가격은 794만 원이다. 지하층이라고 해도 너무나 싼 가격에 매입하는 것이다.

하지만 나는 건물 값으로 입찰 가격을 생각하지 않았다. 왜일까? 빌라는 분양 시점이 제일 비싸다. 새 집을 사는 시점부터 집값이 떨어진다. 앞으로 5~10년을 보유할 생각으로 매입을 한다면 당연히 집값은 없는 셈 쳐야 한다.

낙찰을 5000만 원에 받으면 내가 산 땅은 4.6평이므로 평당 1087만 원꼴이다. 약 1100만 원이라고 치면 된다.
가장 중요한 점은 전체 금액이 5000만 원이라서 내가 살 수 있다는 데 있다. 다른 집들은 최하 2억 원 이상 줘야 매입할 수 있다. 그리고 나는 현금이 1000만 원밖에 없다. 경매는 대출이 장

점이라서 충분히 내가 덤벼볼 만하다.

서류 점검은 끝났다.
대략 위치 파악도 됐다.
네이버지도로 도로뷰도 확인했다.

새벽 5시가 가까워 오고 있다. 너무 집중한 나머지 머리가 띵해 문을 열고 밖으로 나갔다. 상쾌한 새벽 공기가 코끝에 닿았다. 두 팔을 위로 들고 기지개를 켜고 숨을 크게 들이 마셨다. 골목을 왔다 갔다 하며 나지막이 다짐했다.

"이제 권리분석을 할 차례다."

# 전세금 3500만 원을
# 내가 물어줘야 된다고?
## - 권리분석

내가 낙찰받은 경매 물건 정보에서 첫 장 맨 위를 보면 빨간 글씨로 '위반건축물'과 '대항력 있는 임차인'이라고 명시되어 있다. 인터넷상에서 유료로 서비스를 제공하는 사이트는 구매자들에게 경매 시 위험 요소를 빨간색으로 표시해서 주의를 준다. 이 내용이 권리분석에 해당한다.

---

\* **대항력**: 임차인이 제3자에게 자신의 임대차 관계를 주장할 수 있는 권리를 말한다.

# 경매 **2013타경12729**

서울서부지방법원 7계 (02-3271-1327)

**근린상가**    토지·건물 일괄매각/위반건축물/대항력 있는 임차인

매각일자 **2014.05.07 (수) (10:00)**

서울특별시 용산구 청파동○가 ○○-○○ 다세대빌라 지층 비○○호   새주소검색

| 대지권 | 15.39㎡(4.655평) | 소유자 | 김○○ | 감정가 | 95,000,000 |
|---|---|---|---|---|---|
| 건물면적 | 21㎡(6.353평) | 채무자 | 김○○ | 최저가 | (51.2%) 48,640,000 |
| 개시결정 | 2013-06-20(임의경매) | 채권자 | 하○○○○○○○○○○○○○○○○○○○○○ | 매각가 | (51%) 48,659,000 |

전경도

전경도

● ● ○

사진 ▼   지도 ▼

물건보기 ▼     오늘: 0 | 누적: 9 평균(2주): 0   차트

| 구분 | 매각기일 | 최저매각가격 | 결과 |
|---|---|---|---|
| 1차 | 2014-01-21 | 95,000,000 | 유찰 |
| 3차 | 2014-04-01 | 60,800,000 | 유찰 |
| 4차 | 2014-05-07 | 48,640,000 | |

매각 48,659,000원 (51.22%) / 입찰 1명 / 남양주시 이원일

지급기한 : 2014-06-25
납부 : 2014-06-25
배당기일 : 2014-08-13
배당종결 : 2014-08-13

## 토지/건물 현황

감정원 : 채우 / 가격시점 : 2013-07-13 / 보존등기일 : 2008-07-08

| 구분(목록) | 면적 | 감정가 | 비고 |
|---|---|---|---|
| 토지 | 대지권 184.7㎡(55.872평) 중 15.39㎡(4.655평) | 25,650,000원 | |

| 구분(목록) | 현황/구조 | 면적 | 감정가 | 비고 |
|---|---|---|---|---|
| 건물 | 3층 중 지하층<br>주거용 | 21㎡<br>(6.353평) | 69,350,000원 | 사용승인일:2008-06-27<br>* 가스보일러 개별난방 |

**현황·위치 주변환경**
* 청파초등학교 북동측에 인근에 위치, 인근은 단독주택, 다가구 단독주택, 다세대주택과 도로변 근린생활시설이 소재하는 지역으로 제반 주위환경은 보통임.
* 본건 인근까지 차량 접근 가능하며 인근의 도로에서 버스등 일반 대중교통 이용가능 하는 등 제반 교통여건은 다소 열등함.
* 거의 사다리형의 토지로 인접토지와 완만 경사를 가지며 제2종근린생활시설의 건부지로 이용중임, 동측의 도로에 의하여 사람 접근함.

**참고사항**
* 본건 공부상 사무소이나 현황 주거용임.
* 건축물 대장상 위반건축물임.

## 임차인 현황

말소기준일(소액) : 2009-04-30   배당요구종기일 : 2013-09-05

| 목록 | 임차인 | 점유부분/기간 | 전입/확정/배당 | 보증금/차임 | 대항력 | 분석 | 기타 |
|---|---|---|---|---|---|---|---|
| 1 | 산○○ | 주거용 전부 | 전입:2009-02-25<br>확정:2009-02-25<br>배당:2013-07-29 | 보:35,000,000원 | 있음 | 소액임차인<br>주임법에 의한 최우선변제<br>액 최대 2,000만원<br>순위배당 있음<br>미배당 보증금 매수인 인수 | |

**기타사항**   ☞ 임차인의 설명과 주민등록등본을 참고로 하여 조사함, 이건 목적물상 등록사항등 현황서는 발급되지 아니함

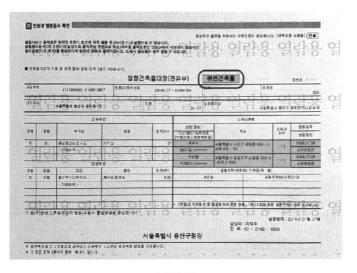

건축물대장

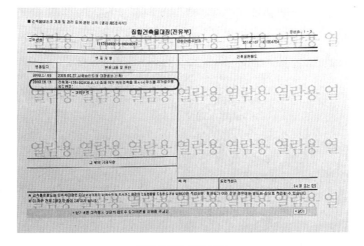

건축물대장-위반 내용

먼저 위반건축물에 대한 내용을 알아보면 건축물대장에 위반건축물이라는 표시가 명시되어 있다. 위반 내용은 아랫부분에 표기되어 있다. 해결 방법은 두 가지다.

첫째, 위반 내용을 원상복구시킨다. 여기에 비용이 얼마가 드는지 알아봐야 한다.
둘째, 위반 내용에 따른 이행강제금이 부과되는데 이 금액을 납부하면 된다. 수익이 많아서 이행강제금을 납부하고도 이익이 생긴다면 원상복구를 하지 않아도 된다.

위 두 가지 내용은 해당 구청 건축과에 전화해서 알아보면 된다. 하지만 요즘은 개인정보라며 정확한 금액은 알려주지 않는다. 이럴 땐 해당 물건 주변 부동산 중개업소를 샅샅이 뒤지면 이런 상황을 꿰고 있는 사장님을 만날 수 있다. 그 위반건축물 소유주도 부동산 사장님을 통해서 임대와 매매를 하기 때문이다. 덧붙여 그 지역 특성상 이런 위반건축물들이 모여 있는 경우가 흔하기 때문이다.

"이 동네는 다 위반건축물이야. 구청에서도 다 알고 있어. 그렇기 때문에 벌금도 많이는 안 나와."

지역 부동산을 20군데 뒤져서 만난 부동산 사장님이 방법을 알려주셨다. '위반건축물'에 대한 위험은 해결됐다.

다음, 소액으로 집을 사려는 경매인들에게 제일 중요한 권리분석인 '대항력'이다.

경매 공부를 할 때 '권리분석'이 너무나 중요하다고 생각해 많은 양을 공부했다. 하지만 정작 경매를 통해서 입찰할 때는 그닥 공부한 내용을 다 활용하지 않았다. 주택을 낙찰받을 때 대항력 임차인에 대한 것만 알아도 약 85%가 해결된다. 초보자들이 경매를 할 때 권리분석이 힘들다면 유료사이트에서 빨간 글씨가 없는 물건, 즉 등기부등본이 깨끗한 물건에 입찰하면 낭패를 보는 일은 거의 없다.

'대항력이 있는 임차인은?'

주택을 낙찰받을 때 가장 신경 써야 하는 문제는 임차인이다. 상가도 마찬가지이지만 주택만큼 비중이 크지는 않다. 임차인이 계약 당시에 전 주인에게 준 보증금을 낙찰자가 변상해야 하는 경우가 있다. 경매는 값싸게 집을 매입하는 장점이 있는데 임차인에게 내가 받지도 않은 보증금을 줘야 한다면 결코 집값이 싸게 먹히는 것이 아니다.

왜 이런 상황이 생기는지 예를 들어보겠다.

월세를 받고 있던 집주인은 직장인이다. 20년간 다닌 직장은 안정적이다. 꼬박꼬박 모은 돈으로 집을 샀고 아이들을 학교에 보냈다. 낭비하지 않고 열심히 살아가고 있다.

5년 전부터 아내와 상의해서 부수입원을 찾고 있었다. 월세 수입이 가장 안전하다고 생각하고 2년 전 또 한 채의 작은 집을 샀다. 월세는 따박따박 잘 들어온다. 목돈은 아니지만 생활비에 적잖은 도움이 된다.

직장 생활을 같이 하던 동기가 치킨집을 차렸는데 장사가 잘돼 월 400만 원의 부수입이 생긴단다. 욕심이 생겨 아내와 같이 시작하기로 했는데 사업자금이 필요하다. 때마침 월세 계약이 끝났기에 이참에 전세로 돌렸다. 월세 임차인을 내보내고 2억 원짜리 집에 1억 6000만 원짜리 전세 임차인을 받는다.

이 전세금으로 치킨집을 시작하고, 낮에는 직장에 다니고 퇴근 후 집에서 저녁을 먹고 9시쯤 아내가 있는 치킨집으로 합류한다. 처음엔 장사가 꽤 잘됐으나 6개월이 지나면서 이상하게 매출이 떨어지기 시작했고 지금은 알바 인건비를 주고 나면 수익이 별로 없다. 뭔가 자리가 잡히지 않았기 때문이라고 생각한다. 1년 정도만 더 버티면 단골손님이 생기고 수익이 날 수 있다고 생각한다.

운영비가 필요하다. 2억 원짜리 집을 담보로 은행에 가서 1억 4000만 원을 빌린다. 이때 은행은 집주인이 3개월 이상 이자를 내지 못하면 경매를 넣는다는 내용을 계약서에 첨부한다.

이렇게 시작한 치킨집은 5년 안에 80%가 문을 닫는다. 갈수록 엉망이 된다. 알바는 말을 안 듣고 손님은 불평하고 아내는 내 맘 같지 않고 몸은 점점 피곤이 쌓여간다. 매각도 되지 않는다. 이제는 두 손 두 발 다 들었다. 망했다.

집주인은 열심히 일했지만 세상은 그리 호락호락하지 않다. 이 자를 못 내자 은행은 집을 경매에 넣었다. 경매에서 집이 1억 5000만 원에 낙찰되면 은행은 빌려준 돈 1억 4000만 원을 챙긴 다. 별 손해가 없다.

이제 임차인의 신세를 우리는 짐작할 수 있수 있었다.

　'어? 임차인의 보증금? 전세보증금! 1억 6000만 원은 어떻게 되는 거지?'

법원은 경매를 진행하고 임차인에게 여러 번 상황을 알린다. 임차인은 알아도 별 뾰족한 수가 없다. 전 재산이다시피 한 전세보증금이 없으면 집을 옮길 수 없다. 그 전세보증금을 꼭 받아야 한다. 최고의 방법은 집을 비워주지 않고 버티면서 전 주인에게 받아내는 것이다.

낙찰자가 집에 와서 집을 비우라고 얘기하면 임차인의 심정은 어떻겠는가? 하늘이 무너질 것이다. 임차인은 전세보증금을 못 받으면 집을 못 비워준다고 버틴다. 나 같아도 그럴 것이다. 하지만 경매는 법원이 진행하는 것이므로 강제집행을 하면 어쩔 수 없이 나가야 한다. 이 임차인은 전 주인에게 민사소송 절차를 밟아서 전세보증금을 받아야 한다. 집주인이 나쁜 사람이라면 연락도 안 될 테고 좋은 사람이라도 돈이 없으면 받을 수가 없다.

일반인들에게 전세금이란 내 집 마련을 위해 한푼 두푼 모아둔 금쪽같은 돈이다. 본인은 아무 잘못 없이 하루아침에 돈도 못 받고 살던 집에서 쫓겨나는 판이 된 거다. 너무너무 억울한 일이다.

- 집은 2억 원짜리다.
- 임차인은 집주인에게 전세 1억 6000만 원을 냈다.
- 은행은 집주인에게 1억 4000만 원을 빌려줬다.

집이 경매로 넘어간다면 돈을 받을 사람은 임차인과 은행이다. 그런데 은행은 경매에 관한 서류 작성을 해서 법원에서 정확히 돈을 받을 수 있지만 일반 서민들은 계약서 한 장으로 돈을 받으려면 민사소송을 해야 한다. 민사소송은 빠르면 6개월, 평균 1년 정도의 시간이 소요된다. 서민들에게 너무나 불이익을 주는 상황이다.

한 가지 더 짚고 넘어가자면 임차인은 전세금을 은행보다 먼저 집주인에게 줬다. 도의적으로 집주인이 돈을 갚으려면 먼저 빌린 사람에게 갚아야 하는 게 맞다. 하지만 법원은 도의적인 면을 참작은 하지만 법조항에 대해 우선으로 판결한다.
그리고 또하나, 은행은 2억 원짜리 집에 1억 6000만 원의 전세금이 있는 걸 알면 대출을 해주면 안 된다. 하지만 등기부등본에 기재되어 있지 않다면 전세금 내역은 은행이 알 수가 없다. 집주인은 돈이 꼭 필요하기 때문에 전세 사항을 굳이 은행에 알릴 필요가 없다.

이렇게 억울한 임차인을 보호하기 위해 1981년 주택임대차보호법이 만들어졌다. 먼저 들어온 임차인이 주민센터에 전입신고를 한 날짜가 경매로 진행되는 말소기준권리*보다 빠르면 '대항력'을 갖는다는 내용이다.

이 '대항력'은 임차인이 낙찰자에게 대항할 수 있는 힘을 법적으로 보장한 것이다. 위의 사례에서 전세입자는 이사를 들어올 때 등기부등본을 확인해서 대출이나 다른 권리관계가 없다는 사실을 확인하고 전입신고를 했다면 그 이후에 일어난 대출이나 권리관계에 상관없이 '대항력'을 갖는다.

이 집이 경매로 넘어가서 누군가가 낙찰을 받았다면 그 낙찰자에게 '대항력'을 갖고 전세금을 받을 때까지 집을 넘겨주지 않아도 된다.

그렇다면 나는 이 물건의 '대항력 있는 임차인'에게 전세금을 내줘야 한단 말인가? 전세금은 3500만 원이다. 돈이 없어 경매를 하고, 지하 물건을 고르고, 여기까지 왔는데 이런 상황이 되면 물거품이 된다. 여기서 벗어날 수 있는 방법을 찾아보자.

---

\* **말소기준권리**: 매수인이 대금 납부를 하면 말소기준등기를 포함한 모든 권리가 소멸되는 것을 뜻하며, 저당권, 근저당권, 압류, 가압류, 담보가등기, 경매기입등기 등의 여섯 가지 권리 중에 가장 빠른 권리가 말소기준권리이다.

주택임대차보호법에는 소액임차인의 최우선변제권'이라는 제도가 있다. 소액임차인은 말 그대로 소액으로 월세와 전세를 사는

| 담보 물건<br>설정일자 | 지역 | 임차보증금<br>범위 | 최우선변제<br>금액 한도 |
|---|---|---|---|
| 2001.9.15.<br>~2008. 8. 20. | 수도권 중 과밀억제권역 | 4,000만 원 이하 | 1,600만 원 |
| | 광역시(군 지역과 인천광역시 제외) | 3,500만 원 이하 | 1,400만 원 |
| | 기타 지역 | 3,000만 원 이하 | 1,200만 원 |
| 2008. 8. 21.<br>~2010. 7.25. | 수도권 중 과밀억제권역 | 6,000만 원 이하 | 2,000만 원 |
| | 광역시(군 지역과 인천광역시 제외) | 5,000만 원 이하 | 1,700만 원 |
| | 기타 지역 | 4,000만 원 이하 | 1,400만 원 |
| 2010. 7. 26.<br>~2013. 12. 31. | 서울특별시 | 7,500만 원 이하 | 2,500만 원 |
| | 수도권 중 과밀억제권역(서울 제외) | 6,500만 원 이하 | 2,200만 원 |
| | 광역시(과밀억제권역, 군 지역 제외), | 5,500만 원 이하 | 1,900만 원 |
| | 기타 지역 | 4,000만 원 이하 | 1,400만 원 |
| 2014. 1. 1.<br>~2016. 3. 30. | 서울특별시 | 9,500만 원 이하 | 3,200만 원 |
| | 수도권 중 과밀억제권역(서울 제외) | 8,000만 원 이하 | 2,700만 원 |
| | 광역시(과밀억제권역, 군 지역 제외), | 6,000만 원 이하 | 2,000만 원 |
| | 기타 지역 | 4,500만 원 이하 | 1,500만 원 |
| 2016. 3. 31.<br>~2018. 9. 17. | 서울특별시 | 1억 원 이하 | 3,400만 원 |
| | 수도권 중 과밀억제권역(서울 제외) | 8,000만 원 이하 | 2,700만 원 |
| | 광역시(과밀억제권역, 군 지역 제외), | 6,000만 원 이하 | 2,000만 원 |
| | 기타 지역 | 5,000만 원 이하 | 1,700만 원 |
| 2018. 9. 18.~ | 서울특별시 | 1억 1,000만 원 이하 | 3,700만 원 |
| | 수도권 중 과밀억제권역(서울 제외), | 1억 원 이하 | 3,400만 원 |
| | 광역시(과밀억제권역, 군 지역 제외), | 6,000만 원 이하 | 2,000만 원 |
| | 기타 지역 | 5,000만 원 이하 | 1,700만 원 |

출처: 탱크옥션

소액임차인의 범위 및 최우선 변제금, 국토교통부

* **소액임차인 최우선변제권**: 소액임차인은 비록 확정일자가 늦어 선순위로 변제를 받지 못하는 경우라도 임차 주택에 대하여 선순위 담보권자의 경매신청 등기 전에 대항력을 갖춘 경우에는 보증금 중 일정액을 다른 담보권자보다 우선하여 변제받을 권리가 있다(주택임대차보호법 제3조 제1항 및 제8조 제1항).

임차인을 말한다. 이들이 보증금으로 집주인에게 맡긴 돈은 거의 전 재산이나 다름없다. 이 돈을 아무 잘못도 없이, 집주인의 잘못으로 돌려받지 못한다면 그야말로 억울한 일이다. 국가는 일정 금액 이하로 보증금을 내고 사는 소액임차인을 보호한다.

소액임차인들은 거주하는 집이 경매를 당해 피해를 입게 됐을 경우에 낙찰금에서 최우선적으로 보증금을 변제해 주는 혜택을 받는다. 이 금액을 '최우선변제금'이라고 한다. 임차 보증금의 모든 금액을 보장하지는 않고 한도가 정해져 있다.

앞의 표에서 보듯이 소액임차인이 낸 임차 보증금의 범위는 시기별로 넓어졌다. 집값이 올랐고 그에 해당하는 최우선변제금액도 따라서 높아졌기 때문이다. 경매를 하는 우리는 이 제도를 확실하게 인지하고 있어야 한다.

내가 고른 경매 물건은 임차인이 대항력을 갖고 있기 때문에 보증금 3500만 원을 변상해 주어야 한다. 하지만 이 임차인이 소액임차인에 해당한다면 최우선변제금을 받을 수 있기 때문에 내가 책임질 돈이 없을 수도 있다.

자, 이제 차분히 계산해 보자.

소액임차인표(p.200)와 임차인 현황표(p.203), 예상배당표(p.205)를 참조해서 다음 설명을 읽어보자.

1. 임차인 신○○의 전입일자는 2009년 2월 25일이다.

2. 말소기준권리 날짜 2009년 4월 30일보다 전입신고일이 빠르기 때문에 대항력을 갖는다.

3. 임차인의 보증금은 3500만 원이다.

4. 이 금액은 전입일 2009년 당시, 소액임차인 범위 6000만 원 이하이기에 소액임차인에 해당된다(나는 여기서 쾌재를 불렀다).

5. 소액임차인 범위에 해당하는 최우선변제금은 2000만 원이다. 보증금은 3500만 원이기에 최우선변제금 2000만 원을 법원에서 받는다 해도 나머지 1500만 원을 내가 내줘야 하는 상황이다(여기서 나는 기운이 빠졌다). 하지만 여기서도 확인할 내용이 하나 더 있다. 배당* 이다.

   배당이란 낙찰 금액을 나눠주는 일이다. 법원이 권리관계(소유자 이외의 권리)를 따져서 순서대로 나눠준다. 이때 임차인이 배당 순서가 빠르다면 최우선변제금 2000만 원에 덧붙여 1500만 원도 법원에서 받을 수 있기 때문이다. 임차인의 배당 순서는 확정일자에 따른다.

---

\* **배당**: 매각대금으로 각 채권자를 만족시킬 수 없는 경우에 권리의 우선순위에 따라 매각대금을 나누어주는 절차이며 법에 명시된 순서에 대해 배당받게 된다.

**🏠 임차인 현황**

말소기준일(소액) : 2009-04-30    배당요구종기일 : 2013-09-05

| 목록 | 임차인 | 점유부분/기간 | 전입/확정/배당 | 보증금/차임 | 대항력 | 분석 | 기타 |
|---|---|---|---|---|---|---|---|
| 1 | 신○○ | 주거용 전부 | 전입:2009-02-25<br>확정:2009-02-25<br>배당:2013-07-29 | 보:35,000,000원 | 있음 | 소액임차인<br>주임법에 의한 최우선변제<br>액 최대 2,000만원<br>순위배당 있음<br>미배당 보증금 매수인 인수 | |

기타사항  ▶ 임차인의 설명과 주민등록표등본을 참고로 하여 조사함, 이건 목적물상 등록사항등 현황서는 발급되지 아니함

**🏢 건물등기**    (채권합계금액:96,000,000원)

| 순서 | 접수일 | 권리종류 | 권리자 | 채권금액 | 비고 | 소멸 |
|---|---|---|---|---|---|---|
| 갑(2) | 2008-12-31 | 공유자전원지분전부이전 | 김○○ | | 매매, 거래가액:186,000,000원 | |
| 을(2) | 2009-04-30 | 근저당 | 하○○○○○○○○○○○○○ | 96,000,000 | 말소기준등기 | 소멸 |
| 갑(3) | 2009-09-24 | 압류 | 서○○○○○○ | | | 소멸 |
| 갑(4) | 2010-03-16 | 압류 | 서○○○○○○ | | | 소멸 |
| 갑(5) | 2010-08-25 | 압류 | 서○○○○○○ | | | 소멸 |
| 갑(6) | 2011-01-27 | 압류 | 서○○○○○○ | | | 소멸 |
| 갑(7) | 2011-12-07 | 압류 | 서○○○○○○ | | | 소멸 |
| 갑(8) | 2012-03-26 | 압류 | 서○○○○○○ | | | 소멸 |
| 갑(9) | 2012-10-17 | 압류 | 서○○○○○○ | | | 소멸 |
| 갑(10) | 2013-04-01 | 압류 | 서○○○○○○ | | | 소멸 |
| 갑(11) | 2013-06-20 | 임의경매 | 하○○○○○○○○○○○○○ | 청구금액<br>92,535,862 | 2013타경12729 | 소멸 |
| 갑(12) | 2013-09-13 | 압류 | 서○○○○○○ | | | 소멸 |
| 갑(13) | 2013-10-07 | 압류 | 서○○○○○○ | | | 소멸 |

출처: 탱크옥션

6. 임차인 신○○의 확정일자도 전입일자와 같이 2009년 2월 25일이다.

   등기부등본에 기재돼 있는 권리를 빠른 날짜순으로 배당하는데 확정일자는 등기부등본에 표시되지 않아도 날짜를 인정해 준다.

7. 등기부등본 순서 중에서 제일 빠른 권리가 2009년 4월 30일이다.

따라서 임차인은 배당 순위가 최우선이기에 나머지 금액을 모두 받을 수 있다. 나는 대항력 있는 임차인에게 보증금을 내주지 않아도 되는 상황이다(나는 다시 쾌재를 불렀다).

8. 경매 정보 유료사이트 탱크옥션(1개월 무료 사용권)을 이용해서 배당예상표를 참조하기 바란다.

하지만 여기서 복병이 있었다. 바로 세금이다. 경매로 물건이 넘어가면서 이전 집주인이 그에 따른 세금을 납부하지 않은 상태였다. 가재는 게 편이라고 했다. 법원은 국가 편이다. 세금은 날짜에 상관없이 배당에서 제일 먼저 국가에서 떼간다. 등기부등본을 보면 서울특별시 용산구의 압류(세금)가 분명히 신○○ 씨와 하나은행보다 늦었는데 예상배당표에선 0순위로 되어 있다.

세금은 해당 물건의 이해관계자 외에는 알려주지 않기 때문에 0원이라고 표기되어 있다. 세금이 큰 금액이 아니라면 임차인은 배당 순위가 높기 때문에 최우선변제금 외 나머지 금액도 받을 가능성이 높다.

서울서부지방법원 본원
**2013타경12729호**　　　　서울특별시 용산구 청파동1가 91-17 다세대빌라 지층 B02호 (토지·건물 일괄매각)

| 예상매각가격 설정하기 | 천억 | 백억 | 십억 | 억 | 천만 | 백만 | 십만 | 만 | 천 | 백 | 십 | 일 | 원 | 적용 |
|---|---|---|---|---|---|---|---|---|---|---|---|---|---|---|
| | 0 | 0 | 0 | 0 | 4 | 8 | 6 | 5 | 9 | 0 | 0 | 0 | | |

※ 회원님께서 직접 낙찰예상금액을 적으시고 적용을 누르시면 예상가격에 따른 배당분석표가 생성됨

**| 배당금액과 소멸여부**

| | 매 각 대 금 | 금 | 48,659,000 원 |
|---|---|---|---|
| | 전경매보증금 | + 금 | 0 원 |
| | 집 행 비 용 | - 약 | 1,860,000 원 |
| | 실제배당할금액 | 합계 | 46,799,000 원 |

| 순위 | 이유 | 채권자 | 채권최고액 | 배당금액 | 배당비율 | 미배당금액 | 매수인 인수금액 | 배당후잔여금 | 소멸 여부 |
|---|---|---|---|---|---|---|---|---|---|
| 0 | 주택소액임차인 | 신상영 | 35,000,000 | 20,000,000 | 57.14% | 15,000,000 | | 26,799,000 | |
| 0 | 압류 | 서울특별시용산구 | 체납상당액 | 교부신청액 | % | 0 | 0 | | 소멸 |
| 0 | 압류 | 서울특별시용산구 | 체납상당액 | 교부신청액 | % | 0 | 0 | | 소멸 |
| 0 | 압류 | 서울특별시용산구 | 체납상당액 | 교부신청액 | % | 0 | 0 | | 소멸 |
| 0 | 압류 | 서울특별시용산구 | 체납상당액 | 교부신청액 | % | 0 | 0 | | 소멸 |
| 0 | 압류 | 서울특별시용산구 | 체납상당액 | 교부신청액 | % | 0 | 0 | | 소멸 |
| 0 | 압류 | 서울특별시용산구 | 체납상당액 | 교부신청액 | % | 0 | 0 | | 소멸 |
| 0 | 압류 | 서울특별시용산구 | 체납상당액 | 교부신청액 | % | 0 | 0 | | 소멸 |
| 0 | 압류 | 서울특별시용산구 | 체납상당액 | 교부신청액 | % | 0 | 0 | | 소멸 |
| 1 | 압류 | 서울특별시용산구 | 체납상당액 | 교부신청액 | % | 0 | 0 | | 소멸 |
| 2 | 확정일자부 주택임차인 | 신상영 | 15,000,000 | 15,000,000 | 100.00% | 0 | 0 | 11,799,000 | 소멸 |
| 3 | 근저당 (신청채권자) | 하나은행 | 96,000,000 | 11,799,000 | 12.29% | 84,201,000 | 0 | 0 | 소멸 |
| | 계 | | 131,000,000 | 48,659,000 | | 84,201,000 | 0 | 0 | |

**| 임차인 보증금 예상 배당액**

| No. | 권리종류 | 임차인 | 보증금액 | 배당금액 | 배당비율 | 미배당금액 | 매수인 인수금액 | 소멸여부 | 비고 |
|---|---|---|---|---|---|---|---|---|---|
| 1 | 주택임차인 | 신상영 | 35,000,000 | 35,000,000 | 100.00% | 0 | 인수금액없음 | 계약소멸 | 전액배당 |

출처: 탱크옥션

자, 이제 선택을 해야 할 시간이다.

위반건축물 여부는 구청과 부동산을 통해서 알 수 있다(추후 부동산을 통해서 방법을 찾았다).
대항력 있는 임차인은 최우선변제금과 배당을 통해서 해결하면 된다.

임장을 가서 임차인을 만나보자.

# 헉! 완전 지하네,
# 이 집 괜찮을까?
## - 임장

'똑똑!'

화장실 문을 두드리는 노크 소리, 나는 볼일을 끝내고 얼른 밖으로 나가야 한다. 옆집 학생이 화장실을 쓰려고 하기 때문이다. 쪼그려 앉는 변기와 쓰레기통, 손을 뻗으면 닿는 샷시 문은 고개를 푹 숙여야 나갈 수 있다.

여기는 반지하 우리 집 옆 공동화장실이다. 아침에 화장실을 쓰려면 사람들이 많기에 되도록 나는 쓰지 않는다. 하지만 어제 먹은 돼지고기가 장을 자극했나 보다. 잘 먹지 않는 기름기가 탈을 불러왔다. 빨리 일을 마치고 나가려고 하지만 묽은 변은 그칠 줄 모르고 아랫배도 계속 아프다.

1999년, 밀레니엄으로 세상이 어수선할 때 우리 가족은 공동화장실을 쓰는 반지하에 살았다. 곰팡이가 옷장 뒤에서부터 점점 창가 쪽으로 퍼지며 벽지를 물들이는 곳이었다.

반지하 생활을 경험했던 나에게 반지하 집을 사는 것은 거부감이 들지 않았다. 더군다나 나는 집을 사는 것이 아니고 땅을 사는 것이기에 특별히 마음에 걸리는 것은 없었다. 조금씩 수리해서 주변보다 싸게 임대를 내면 월세도 받을 수 있다고 확신했다.

며칠 후 직접 임장을 갔다.
헉! 이 집은 반지하가 아니라 완전 지하였다.

출처: 탱크옥션

이 건물의 지하가 내가 발견한 경매 물건이다(감정평가서 사진)

2022년 직접 찍은 사진, 표시된 곳이 우리 집(선정 물건)

내심 나도 놀랐다. 이 정도일 줄이야.

'자, 마음을 추스르자. 사람이 살고 있는지 확인하면 된다. 이미 서류상으로 확인했기에 돌다리도 두드려 보고 건너자는 마음으로 옆집에도 사람이 사는지 확인해 보자.'

첫째로 부동산에 물어봤다. 부동산에서도 지하에 임차인들이 잘 들어온다고 했다. 서울역과 가깝고 현재(경매 당시)는 가격이 싸서 공실이 별로 없다고 했다.

둘째로 옆집에 사람이 사는지 확인해야 한다. 다행히 옆집에도 불이 켜져 있다. 주변 건물에 있는 지하 집을 확인했다. 우리 집 (선정 물건)과 마찬가지로 완전 지하다.

이 정도면 확인이 끝난 셈이다. 나는 땅을 사는 것이지만 임대료도 꼭 받아야 한다. 그 임대료로 대출이자를 갚아야 하고 최소 10만 원이라도 챙겨서 생활비에 보태야 한다. 집 상태가 어떤지 보면 입찰가를 정하기가 훨씬 용이하다.

　'이제 임차인을 만나보자!'

어두컴컴한 지하로 내려간다. 초인종을 누른다. 답이 없다. 시간이 흐른다. 한 번 더 누른다. 역시 대답이 없다. 전화를 하려고 핸드폰을 꺼낸다.

　"누구세요?"

두꺼운 목소리에 나는 새가슴이 된다.

　"경매에 입찰할 사람입니다."

억지로 차분하게 대답하고 긴장을 억누른다.

문이 열리고 잠자다가 일어난 모습의 사내가 눈을 껌뻑이면서 바라본다.

"조금만 기다리세요. 집에 사람이 있으니 나가서 얘기합시다."

밖으로 나오자마자 나는 눈을 찔끔 감고 계속 외워댔던 멘트를 날린다.

"저는 대항력을 갖고 있는 당신에게 최우선변제금 2000만 원을 제외한 나머지 보증금 1500만 원을 줄 수 있는 형편이 못 됩니다. 다행히 배당 순위가 높아서 받을 수도 있지만 못 받는 금액은 제가 채워드릴 수 없습니다."

"말도 안 돼!"라는 말이 떨어질 줄 알고 기다린 나에게 들려온 대답은 내 귀를 의심하게 했다.

"저는 최우선변제금 2000만 원만 받아도 좋습니다. 나머진 배당을 못 받아도 괜찮습니다. 지금껏 오랜 시간 동안 집주인이 전세금을 내주지 않아서 너무 고생했어요. 제가 분양 받은 아파트가 1년 전에 입주를 시작했거든요. 벌써 이사 갔어야 하는데 경매가 진행돼도 낙찰자가 없어서 시간만 끌게 됐습니다. 낙찰만 받아주시면 법원에서 주는 최우선변제금만 받고 빨리 이사를 가고 싶습니다."

경매를 시작하면서 사람을 만날 때 녹음하는 버릇이 생겼다. 처음엔 불법이라는 생각이 들어서 불편했지만 본인이 하는 대화는 상대방의 의사와 상관없이 녹음해도 된다는 사실을 알고부터는 항상 하고 있다. 지금도 나는 녹음 중이다.

물론 나중에 딴소리를 하면 어쩔 수가 없다. 이 사람에게 녹음 내용을 내밀어도 "그때는 잘못 말했다" 하면 법적 효력은 많이 상실될 것이다. 그래도 나는 녹음 기록을 위해서 명확하게 다시 물었고 대항력을 가진 임차인은 재차 말했다.

이 사람의 말을 믿고 낙찰을 받았을 때 최악의 상황을 생각해보자.

이 사람이 약속을 지키지 않는다면 집을 비워주지 않을 것이고 나는 임대료를 받지 못할 것이다. 내가 돈이 없다는 얘기를 미리 했기에 이 사람은 돈을 받기보다는 집에서 거주하는 방법을 택할 것이다. 나는 새로운 임차인을 받을 수 없고 대출이자는 계속 지불해야 한다.

나는 현재 단돈 10만 원이 아쉬운 상태이다. 이런 최악의 상황은 나에게 큰 타격이 될 수 있다. 하지만 여기서 최악의 상황을 겁내서 물러설 수는 없다. 서울 한복판에 땅을 살 수 있는 절호의 기회를 놓칠 수 없다. 이 사람 말을 믿어보기로 했다. 뭐니 뭐니 해도 이 땅을 꼭 갖고 싶다.

집 내부를 보여달라고 하니 집사람이 있어서 안 된다고 했다. 오늘은 임차인을 만나 얘기를 한 것에 만족해야 한다.

임장으로 좋은 소식을 얻었다. 내가 여차하면 물어줘야 할 1500만 원을 주지 않아도 된다는 구두 약속이다. 대항력 있는 임차인은 해결된 것이다. 최악의 상황을 무시할 순 없지만 두렵다고 피할 수만은 없다. 이 정도면 충분히 모험을 걸어볼 만하다.

# 대항력 있는 임차인은
# 나를 기다리고 있었다
## - 명도

부동산경매를 진행할 때 사람들이 가장 힘들어하는 것이 '명도[*]'
다. 낙찰받은 집에 집주인 또는 임차인이 살고 있는 경우에 그
사람들로부터 집을 넘겨받는 일이다.

이때, 낙찰자와 집에 거주하는 사람 사이에서 싸움이 생길 소
지가 많다. 왜냐하면 거주자들은 신경이 극도로 예민해져 있기
때문이다. 반면 낙찰자는 원하던 집을 샀기 때문에 기분이 좋
다. 그 집에 빨리 들어가 살거나 빨리 임대를 주고 싶어 한다.

---

[*] **명도**: 토지나 건물 또는 선박을 점유하고 있는 자가 그 점유를 타인의 지배하에 옮
기는 것이다. 법문상으로는 인도로 규정하고 있으며(민사집행법 제258조 제1항) 명
도라는 말은 사용하지 않는다. (법률용어사전)

또는 매각을 해서 빨리 돈을 벌고 싶을 수도 있다.

따라서 서로 대화할 수 있는 상황이 아니다. 경매를 하는 많은 사람이 이런 명도 상황에서 분쟁이 생겨 서로에게 쌍욕을 하기도 하고 심지어 칼부림까지 해서 뉴스에 나오는 경우가 있다. 이런 안 좋은 뉴스에 사람들은 경매가 안 좋다는 생각을 갖게 된다.

이렇게 불편한 상황이 생기지 않게 하는 아주 간단한 방법이 있다. 낙찰자의 생각을 두 가지만 바꾸면 된다.

첫째, 나는 이 물건을 법원에서 샀다. 따라서 내가 이 물건을 사용할 수 없는 상황이 생긴다면 물건을 판 법원과 이야기한다. 경매로 물건을 파는 법원은 이러한 명도 상황이 문젯거리가 되어 낙찰자가 낭패를 보는 일을 이미 알고 있다. 그리고 낙찰자가 손해 보지 않을 수 있는 방법을 미리 준비해 뒀다.

예를 들면 이렇다. 내가 친구네 집에 초대를 받았다. 가는 중에 과일가게에서 과일을 샀다. 친구 집에 들어가서 과일을 뜯어보니 과일이 상한 게 아닌가. 이런 상황에 나는 어떻게 할 것인가? 당연히 과일가게에 가서 변상을 요구할 것이다. 다른 사람과 싸울 일은 없다.

마찬가지다. 법원에 돈을 주고 집을 샀다. 사용하기 위해서 집에 갔더니 이전에 사용하던 사람이 살고 있다. 그 사람과 싸울 이유는 전혀 없다. 거주하고 있는 사람과 말이 안 통한다고 힘들어할 필요가 없다.

이미 설명했지만 그 사람은 현재 심리적, 경제적 고통이 큰 상태이기 때문에 정상적으로 대화하기는 힘들다. 얼굴 붉히는 상황을 만들지 말고 대화가 되지 않는다면 인사를 하고 돌아오면 된다.

이 물건을 낙찰받기 전에 나는 권리분석을 이미 끝냈고 거기 살고 있는 사람은 아무런 권리가 없다는 것을 알기 때문이다. 그리고 불량 과일을 판 과일가게 아저씨에게 변상을 요구하듯 법원에 상황을 설명하면 된다.

"나는 ○○ 물건을 낙찰받고 잔금까지 지불한 사람입니다. 현장에 가보니 거주가가 있어서 내가 사용할 수 없습니다."

집을 판 법원은 이런 상황에 대한 준비를 해두었다. 이것이 바로 강제집행이다.

법원이 이런 상황을 처리하지 않는다면 아마 경매로 낙찰받는 사람이 별로 없을 것이다. 사람들은 다툼을 좋아하지 않기 때문이다. 따라서 명도를 하는 거주자와 대화가 되지 않는 상황, 특히 이사비를 터무니없이 많이 요구하거나, 이 집에 오래 머물면서 집을 비워주지 않는다거나, 아예 연락을 피하고 만나주지 않는다면 법원과 이야기하면 된다.

경매는 처음부터 이런 절차를 잘 알고 활용할 줄 알아야 한다. 법원은 낙찰자가 본인의 권리를 침해받지 않을 수 있도록 법적 절차를 만들어 놓았다. 이런 법을 잘 알고 나의 이익을 스스로 챙겨야 한다.

둘째, 경매를 당한 사람, 즉 집주인이나 임차인의 심리 상태는 상당히 불안하다. 그들도 법원의 진행 상황을 알기에 '이제 낙찰자가 와서 집을 내놓으라고 하겠구나!'라는 생각을 한다.

이때 이들은 전투적 심리 상태를 갖는다. 절대 감정을 건드려서는 안 된다. 분명 정상적인 대화를 기대하지 않는 게 좋고 그저 상황을 파악하러 가는 것을 목적으로 삼아야 한다.

법원에서는 이미 강제집행이라는 절차를 만들어 낙찰자의 권리를 보호하고 있다. 혹시라도 소심한 성격의 사람이 낙찰을 받아서 거주자를 만나고 싶지 않다면 법원과 상대해서 명도를 하면 된다.

거주자를 한 번도 만나지 않아도 된다. 거주자를 만나서 언성을 높일 일도 없다. 서로 의견을 조율할 필요도 없다. 이사비와 이사 날짜를 놓고 실랑이를 벌일 필요도 없다. 법원은 이미 모든 준비를 끝내놓고 경매를 시작한 것이다.

그런데 왜 사람들은 경매할 때 명도를 제일 어렵다고 하는가?

명도를 법원에 맡기지 않고 직접 하려고 하기 때문이다. 강제집행을 하려면 잔금을 내고도 여러 절차를 거쳐 약 6개월의 시간이 흐른다. 이때 대출금을 받아서 잔금을 냈다면 6개월간의 이자를 부담해야 한다. 또 비용도 만만찮게 든다. 30평 정도의 집을 강제집행할 때 약 300만 원 정도의 비용이 든다고 생각하면된다.

만약 낙찰자가 잔금을 내고 바로 명도할 수 있다면 이런 시간과 비용을 모두 아낄 수 있다. 나와 같이 돈 여유가 없는 사람이라면 무슨 일이 있어도 강제집행을 하지 않는 게 좋다. 이런 상황에 거주자를 만나러 간다면 당신의 마음은 어떻겠는가?

'만나서 담판을 지어야 해.'

'절대로 꿀리게 보이면 안 돼.'

'이사비를 최대한 적게 주고 쫓아내야 돼.

'최대한 이사 날짜를 빨리 잡으라고 해야 돼.'

이런 생각을 갖고 초인종을 누른다. 문을 열어준 거주자도 전쟁 준비 상태다.

'짜잔!!'

낙찰자와 거주자! 황야의 무법자처럼 현관문을 사이에 두고 얼굴을 맞댄다. 어떤 일이 벌어지겠는가?

뻔하지 않은가? 서로의 얼굴은 굳어 있고 눈빛은 이글거리며 애써 짓는 웃음은 가짜인 걸 서로 안다. 이런 상황에 정상적인 대화가 가능하겠는가?

절대! 네버! 아니다.

이런 상황을 풀 수 있는 방법은 의외로 간단하다.

강제집행비 300만 원을 법원에 낼 바에야 차라리 돈이 없는 거주자에게 이사비라도 보태주는 게 좋지 않을까?

어차피 강제집행을 한다면 최소 6개월은 시간이 걸리는데 그 시간까지만이라도 편하게 있으라고 말해주는 게 좋지 않을까? 라는 두 가지 생각을 한다.

이런 마음으로, 시간과 돈을 선물할 여유로운 마음으로 거주자를 만나러 가는 게 최선의 방법이다.

생각해 보라.

당신의 얼굴이 굳어 있겠는가? 편안하겠는가?
눈이 이글거리겠는가? 부드럽겠는가?
가짜웃음으로 인사하겠는가? 안정된 목소리로 인사하겠는가?
당연히 모두 후자이다.

이 방법은 내가 명도를 겪으면서 터득한 방법이다. 돈이 없다고 해도 상황이 안 좋으면 어쩔 수 없이 강제집행을 할 수밖에 없다. 이 상황을 기준으로 하고 안정되고 편안한 마음으로 상대방의 입장을 생각하면서 명도를 하면 싸움할 상황도 차분하게 마무리되었다.

이렇게 정리한 명도 노하우가 우리 집(선정 물건)을 낙찰받고는 별로 쓸모가 없었다.

낙찰 잔금을 낸 다음 날 임차인에게 연락이 왔다. 잔금을 납부했다는 소식을 듣고 짐을 싸놓았으니 명도확인서만 주면 오늘이라도 나가겠다는 것이다. 소액임차인이 최우선변제금을 법원에서 받기 위해서는 낙찰자의 도장이 찍힌 명도확인서와 인감증명서가 필요하다. 명도확인서를 임차인에게 건네주면서 현관 비밀번호가 적힌 메모지를 받았다. 짐은 어제 다 옮겼고 오늘 자동차로 작은 서류함만 가져가면 된다고 했다. 집에 들어가기 전에 명도확인서를 주었고 그 사람은 빠르게 차를 타고 가버렸다. 이제 서울에 내 집이 생겼다. 아니, 서울 한복판에 내 땅이 생겼다. 기분이 너무 좋다. 이렇게 명도가 쉽게 된 적은 없었는데 행운이 나에게 찾아온 것이다.

이제 집 안을 살펴보고 수리를 해야 한다.

# 습기와 곰팡이로
# 벽이 물컹거린다
## - 수리

마음을 다잡으면서 집으로 들어갔다. 이게 웬일인가? 완전 지하
라서 약간의 곰팡이와 습기를 각오했지만 상태는 생각보다 더
심각했다.

한쪽 구석 방 벽지는 지붕에서부터 흘러내린 물 자국이 선명했
다. 거실 창 같은 유리문을 열면 세탁기가 들어가기에 딱 맞을
너비의 베란다가 있었는데 벽에 덧댄 석고보드가 물기에 문드
러져 있었다. 손을 대보니 물컹하게 쑥 들어가면서 떨어져 나간
다. 눈높이로 있는 작은 창문을 열었더니 바로 벽이다. 고개를
삐뚤게 들어서 올려다보면 철창 사이로 하늘이 손가락만 하게
보인다. 다행히 환기는 가능했다.

내부에서 올려다본 창문 틈으로 하늘이 보인다

'이래서 집을 끝까지 안 보여줬구나!' 하는 생각이 들었다. 하기야 입찰하기 전에 봤다고 해도 낙찰은 받았을 것이다. 이런 상태라면 입찰가를 더욱 낮게 써서 수리비를 챙길 수 있다. 하지만 나는 이미 최저가에서 1만 9000원만 더 써서 단독입찰로 낙찰을 받았다. 집 상태가 이렇더라고 상관없었다.

생각보다 수리비가 많이 들겠다. 이제 수리비를 최대한 줄여야 하는 미션이 주어졌다. 바닥은 데코타일로 되어 있었는데 상태가 괜찮아 보였다. 싱크대와 가스레인지는 좋아 보였다. 원룸이기에 에어컨, 냉장고, 세탁기를 마련해야 한다. 위층에서 물기가 새는 것은 이미 위층에서 공사를 했다고 한다. 물기 자국이 선명한 벽지를 살펴보니 물기는 완전히 말라 있었다.

베란다 벽을 방수 공사만 하면 임대를 낼 수 있다. 어차피 나는 명도 비용을 아낀 셈이니 이제 편하게 수리를 하자.

작은 집을 여러 차례 낙찰을 받고 수리를 해봤다. 그리고 임대를 냈다. 이제 대략적인 방법이 내게는 체계화되어 있다. 수리는 최소한 10군데의 견적을 받아야 한다. 작은 집들을 수리하는 사람들은 제대로 된 견적서를 보내주지 않는다. 핸드폰 문자로 보내주거나 백지에 볼펜으로 적어서 견적서라고 보내주는 사람은 10군데 중 5군데 정도다. 나머지는 대충 전화상으로 말한다. 그 5군데 중에 1~2곳이 그나마 컴퓨터로 만든 견적서를 프린트해서 보내준다. 이런 곳은 대부분 다른 업체보다 견적 단가가 높다. 나는 한 푼이 아쉬운 상태라서 가장 가격이 싼 곳과 통화를 많이 한다. 하지만 싼 집 사장님은 말을 많이 하지 않는다. "그냥 하면 돼요"라고 한다.

수리를 값싸게 하는 노하우는 이렇다.
견적서를 꼼꼼하게 보내주는 집과 통화를 한다. 세부 사항을 하나하나 질문해서 어떤 공사를 하는지 어떤 재료가 들어가는지 얼마나 걸리는지 인건비가 얼마인지를 확인한다. 이 공정을 왜

하는지, 하면 어떤 효과가 있는지를 내가 스스로 이해할 때까지 물어봐야 한다.

그리고 나머지 간단한 견적서를 보내주는 업체와 통화한다. 먼저 견적서 설명을 듣는다. 꼼꼼한 견적서에는 있는데 빠진 내용이 있으면 혹시 이런 공정을 해야 하지는 않는가? 하고 묻는다. 답변을 일사천리로 하는 사장님들이 간혹 있다. 우물쭈물하는 사람도 있고 그냥 그런 건 안 해도 된다고 우기는 사람도 있다. 일단 일사천리로 설명을 하는 사람이 공사 전체를 많이 해본 사람이라고 판단하면 대략 맞는다.

정확한 견적서를 보낸 업체는 모든 공정을 빠짐없이 FM으로 하는 경우가 많다. 견적서를 대강 해서 보내는 사람은 두 부류다. 실력이 보통인 사람과 실력이 좋은 사람이다.

실력이 좋은 사람은 내가 물어보는 내용에 대해 명료한 판단을 갖고 답변을 한다. 예를 들어 "그런 건 안 해도 됩니다. 왜냐하면 이런 작은 집에는 그런 거까지 필요 없어요. 그거 하면 집값에 비해 공사비가 너무 들어가니 말도 안 되죠." 이런 식이다.

큰 공사도 해보고 작은 공사도 해본 사람의 경력에서 나오는 말이다. 작은 집 주인들이 어떤 마음으로 집을 수리하는지 알고 있는 사람이다. 고급스럽지 않아도 되고 사용하는 데 불편하지만 않으면 된다는 마음으로 수리를 맡기는 사람들이다. 경험이 많은 수리업체 사장은 이미 사정을 알기 때문에 고민하지 않고 말을 툭툭 던진다.

공사를 할 때 너무 친절한 사장은 조심해야 한다. 집수리를 처음 하는 사람은 친절한 사람이 공사를 잘한다고 생각할 수 있다. 아무것도 모르는 나한테 설명을 너무 자세하게 하고 있는 사람은 그 말이 사실인지 아닌지도 모른 채 전문가처럼 보이기 마련이다.

부동산 시세 조사를 할 때도 마찬가지다. 너무 친절한 사장님은 시간이 많은 사장님이다. 계약이 없으니 시간이 많고 처음 오는 사람을 붙잡고 이 얘기 저 얘기 다 한다.

반면에 계약이 많은 사장은 시간이 없다. 딱 보면 진짜 물건이 필요한 사람인지 아닌지를 안다. 필요한 말만 하고 본인 계약 업무에 집중한다.

처음 시세 조사하러 가는 사람은 친절하지 않아서 푸대접받는 기분이 든다. 무의식적으로 이 사람에게 연락을 안 하게 된다.

공사도 마찬가지다. 너무 친절한 사람은 내가 이번 달에 첫 손님이자 마지막 손님일 가능성이 있다. 꼭 잡아야 되는 손님인 것이다. 평상시 손님이 없는 사람은 일이 없는 사람이고 일이 없는 사람은 초보거나 일을 잘하지 못하는 사람이다. 일을 잘하고 그 일을 오래한 사람은 약간 불친절한 느낌이 든다. 손님들에게 아쉬운 소리를 잘하지 않기 때문이다. 이런 사장님에게 수리를 맡기면 된다.

모든 견적서를 훑어보고 사장님들과 이야기를 한 결과 최소 수리비는 200만 원이 나왔다. 돈이 없는 나에겐 너무나 큰 수리비였다. 사장님들의 의견을 종합해 봐도 공사할 내용을 보면 200만 원도 싼 금액이었다.

고민 끝에 문득 생각나는 사람이 있었다. 20대에 공사장에서 일한 적이 있는데 그때 일을 감독하던 형이었다. 아직도 건축일을 한다는 소식을 간간이 듣고 있었기에 전화번호를 수소문했다.

다행히 형은 기분 좋게 전화를 받았고 내 사정을 이야기하니 사진과 영상을 보내라고 했다. 전문가인 형의 수습 방향은 간단했다.

"물컹한 벽은 석고보드니까 완전히 떼어내면 콘크리트가 나올 거야. 일주일 정도 보일러를 때서 바짝 말리고 서울 방산 시장에 가서 방수 접착 벽지를 한 두루마리 사다가 붙이면 된다."

2014년에 직접 시공한 방수 접착 벽지(꽃무늬)는 8년이 지난 후에도 멀쩡했다.

여태 알아본 공사치고는 너무 간단해서 몇 번을 확인하고 실행에 옮겼다. 이게 웬일인가? 접착 벽지 한 두루마리 값은 16만 5000원이었다. 쓰레기 봉지와 부대 비용을 합해서 총 25만 원의 공사비로 너무 깔끔하게 마무리되었다. 나중에 또 물이 새거나 습기가 차면 그때 가서 다시 공사를 하기로 하고 도배를 하고 임대를 놓기로 결정했다. 이 방수 벽지는 8년 후 매매할 때까지 깨끗하게 붙어 있었다.

# 730만 원에 산 서울 땅,
# 3억 7000만 원에 팔다
## - 매매

화창한 날씨에 창 넓은 카페에서 커피 한 잔의 여유를 즐기고 있을 때 부동산 사장님의 전화가 걸려왔다. 드디어 내가 산 서울 땅을 매수하려는 사람이 결정을 내렸나 보다. 8년이란 시간이 걸렸고 내가 예상했던 대로 땅은 수익을 가져다준다.

돈을 벌려면, 적어도 돈 때문에 궁색하게 살지 않으려면 땅을 사야 한다는 생각을 했다. 사람은 땅을 밟고 살아야 되니까, 집은 땅에 지어야 되니까, 곡식도 땅에서 자라니까. 적어도 남의 눈치를 안 보고 살 수 있는 집을 지을 땅, 만약 경제활동을 못

하게 된다면 직접 농사를 지어서 먹을 것이라도 마련해야 되니까 말이다.

하지만 아들 셋을 키우면서 시골에 가서 살 수는 없었다. 아이들이 먹고 싶은 음식을 맘껏 먹고, 입고 싶은 옷을 계절에 맞춰 입고, 학교 근처에 살고 싶은 집을 마련해 주고 싶은 아빠의 마음 때문이다.

마흔두 살, 돈 한 푼 없이 시작해서 열심히 종잣돈을 모았다. 적은 돈으로 땅을 살 수는 없었기에 부동산경매를 공부해서 인천의 작은 빌라를 낙찰받았다. 빌라에는 대지권이 있었고 그건 바로 땅이었다. 서울에 땅을 사고 싶었던 나는 1000만 원으로 살 수 있는 물건을 2년 넘게 찾았다.

2014년 6월 서울역 뒤편, 숙명여자대학교 근처, 청파동에 위치한 완전 지하 건물을 단독입찰로 낙찰받았다. 이제 매각으로 수익을 실현할 때가 왔다. 매각 금액은 3억 7000만 원! 종잣돈 730만 원으로 산 집을 3억 7000만 원에 매각하게 됐다.
그 내용을 알아보자.

출처: 탱크옥션

1. 감정가는 9500만 원이다.

2. 최저가는 4864만 원이다.

3. 낙찰가는 4865만 9000원이다.

4. 대출은 4500만 원을 받았다.

   낙찰 금액 대비 약 93%를 받은 것이다. 그중 83%는 연 이율 4.5%로

   받고, 10%는 연이율 7%로 받았다.

5. 세금과 부대 비용은 340만 원.

   보통 낙찰가의 4%를 잡으면 되는데 이 건물은 근린상가로 되어 있어

   취득세율이 높았다.

6. 수리비는 25만 원이 들었다.

7. 낙찰가 4865만 9000원에서 대출금 4500만 원을 빼면 내가

   법원에 납입할 잔금은 365만 9000원이다.

8. 365만 9000원에 세금과 부대 비용 340만 원을 합하고 수리 비 25만 원을 더하면 매입에 들어간 총 금액은 730만 9000 원이다.

9. 8년 후 3억 7000만 원에 매각했다.

10. 매각 시 대출을 모두 갚고(연이율 7% 대출금은 낙찰 후 6개월 안에 갚았다) 수익은 약 3억 1700만 원(세전)이다.

국토교통부 실거래가 시스템, 2022년 8월 자료

나는 종잣돈 1000만 원 중에 730여만 원을 투자해서 이 집을 샀다. 보증금 500만 원에 월세 30만 원으로 세를 주었고 몇 년 후에는 전세로 돌려서 투자금을 마련했다. 8년간 간간이 전세 입자가 전화를 해서 천장에서 물이 샌다고 말해 윗집 주인과 통화해서 해결했다. 2022년 7월 매각되기 몇 개월 전에 세입자는 나갔고 공실로 매각 준비를 하고 있었다.

누누이 이야기하지만 나는 건물을 산 것이 아니라 땅을 샀다. 여기 대지권은 정확히 4.655평(15.39㎡)이다. 낙찰 금액 4865만 9000원을 평수로 나누면 평당 1045만 3000원이다. 내가 3억 7000만 원을 받고 매각을 하면 평당 7948만 원이다. 땅값은 무려 6900만 원이 오른 것이다.

자, 그러면 서울에 있는 땅은 아무거나 사도 이렇게 오를까? 아니다.

내가 이 땅을 산 이유는 바로 재개발이 무산된 지역이었기 때문이다. 내가 낙찰받은 건물의 전 소유자는 이 건물을 2008년 11월에 무려 1억 8600만 원을 주고 매수했다.

이 시기는 용산구 재개발 붐이 일었을 때이고 전 소유자도 그 물살에 올라탔던 것이다. 하지만 재개발은 무산됐고 집값은 터무니없이 추락했다. 분명 대출을 받아 투자를 했을 것이고 대출 이자를 감당하지 못해 경매를 당했을 거라고 추측할 수 있다.

이전 소유자는 2008년 1억 8600만 원에 매수했다.

2008년 이후 6년이 지났을 때, 나는 최저가에 낙찰받고 재개발 붐이 일어나면 이 지역이 우선 순위가 될 것이라는 확신이 있었다.

드디어 2022년 서울시 신속통합기획 청파2구역으로 선정되었다. 8년을 기다린 보람이 있었다. 뿌듯했다. 아무것도 없이 시작해서 결실을 보는 순간을 아들에게 보여줄 수 있어서 나 스스로 자랑스럽기까지 했다.

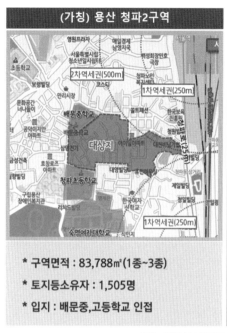

**(가칭) 용산 청파2구역**

* 구역면적 : 83,788㎡(1종~3종)
* 토지등소유자 : 1,505명
* 입지 : 배문중,고등학교 인접

출처: 서울시 보도자료

730만 원으로 산 서울 땅!
2022년 서울시 신속통합기획 청파2구역 지정

재개발이 시작되면서 땅값이 올랐지만 지금이라도 매입해서 이익을 볼 사람들은 바쁘게 움직이고 있다. 이 물건은 서울역 주변의 눈부신 아파트 단지가 될 것이고, 집주인은 꿈에 그리는 서울 아파트를 한 채 장만하게 된다. 하지만 나의 몫은 여기까지라고 생각하고 내 다음으로 이 땅을 산 사람도 이득을 볼 것을 확신한다.

나는 이 과정을 모험담처럼 아들에게 전했고 아들은 아빠의 이야기가 현실이 된 것을 보았다. 매도 전에 아들과 집을 둘러보면서 이야기를 나눴다. 아들이 산 집도 이와 같이 진행될 것이라고 얘기했더니 아들은 땅을 팔지 않고 아파트를 분양받겠다고 했다.

아들들과 집 안을 둘러보며

혹시, 3000만 원의 종잣돈으로 서울에 30평대 아파트를 갖고 싶다면 내가 했던 방법이 유용할 수 있어 정리해 본다. 시간은 약 20년이 걸린다.

1. 서울에서 재개발을 추진했다가 무산된 지역을 찾는다.

2. 그 지역에 경매로 나온 반지하 빌라를 찾는다. 지상이면 더 좋다.

3. 낙찰받고 수리해서 세를 주고 기다린다.

4. 10년 정도를 기다리면 재개발 소식을 들을 수 있다.

5. 재개발이 확정되면 약 10년 후에 입주가 가능해진다.

6. 시간차는 발생할 수 있다.

7. 당연히 20년간 평상시대로 부지런히 생활하면서 수입을 늘린다.

매매계약서를 쓰고 난 후 집 상태

20년이 걸린다는 소리에 아들은 말한다.

"아빠, 20년은 너무 긴 시간이야."

나도 그렇게 생각했다. 20대 초반인 아들이 하는 소리는 너무나 당연하다. 하지만 나이 50이 넘어보니 알겠다. 20년이 그렇게 긴 시간이 아니란 것을 말이다. 적어도 서울에서 번듯한 아파트를 한 채 마련하기엔 정말로 긴 시간이 아니었다.

지금은 평생을 열심히 일해도 서울에 집 한 채를 마련할 수 없는 게 현실이다. 청년들은 안타깝게도 암담한 현실을 살아가고 있다. 돈을 많이 벌 수 있는 재능을 가졌다면 이런 얘기가 필요 없다. 하지만 일반적인 월급쟁이 생활을 하고 있다면 3000만 원의 종잣돈으로 20년 후 서울에 번듯한 아파트 한 채를 마련하는 계획도 근사하다고 생각한다.

"아들, 20년 후에 아들은 40대 초반이잖아. 그 나이에 서울에서 좋은 아파트 한 채 가진 사람이면 괜찮은 거야!"

"그리고 아들이 땅을 산 경험을 살려서 계속 투자를 한다면 어떻게 될까?"

# 마치는 말

제대한 아들은 한 달을 쉬고 또 다시 아르바이트를 하고 있어요. 그리고 다시 월 100만 원씩을 모으고 있고요. 1000만원을 모아서 투자를 하고 싶다는 아들의 모습은 5~6년 전과 많이 다릅니다. 희망이 담긴 목소리로 확신에 차 있어요.

작은 돈으로 시작해서 서울의 반지하 빌라에 딸린 땅(대지권)을 샀지만 앞으로는 토지를 매입하고 개발하는 일도 하면 좋겠어요. 허풍이 잔뜩 들어간 마음으로 땅을 사는 것이 아니라 진중한 마음으로 땅과 함께 살라는 말을 하고 싶어요.

꾸준히 종잣돈을 모으고 작은 돈으로 투자할 수 있는 방법을 찾으면 가능하거든요. 새로운 과정도 3년 정도 공부를 하고 실행한다면 실패를 해도 다음 행보에 도움이 되기 때문에 빠르게 발전할 수 있잖아요.

제가 '아들에게 전하고 싶은 말'은 다음 세 가지예요.
1. 호흡을 이용한 긴장과 이완의 몸 수련
2. 언제든지 불안함과 함께할 수 있는 마음 수련
3. 수련으로 단련된 몸과 마음을 가지고 살아가는 인생 수련

이 책은 인생수련 중에서 '돈을 버는 방법'에 대한 이야기예요. 이 방법이 가장 좋다는 얘기는 아니지만 제가 경험해서 결과를 얻었기 때문에 아들에게 자신 있게 말할 수 있었어요. 우리는 땅에서 살고 있잖아요. 모든 생물이 살아가려면 안정된 터가 필요하니까 자본주의 사회에서 살아가는 아들도 원하는 삶의 터전을 빠른 시일 안에 마련하기를 바랍니다.

나머지 이야기들도 아들에게 전할 수 있는 기회를 만들려고 노력 중이에요.

약 30년 동안 직접 배우고 익힌 다음에 현실에 적용하면서 얻은 저의 이야기가 아들에게 필요한 인생 설명서가 되면 좋겠어요.

이 책을 읽으신 모든 분들께도 조금이나마 도움이 되셨기를 기원합니다.

합정동에서

아들이 알바해서 번 돈
# 1000만 원으로
# 서울에 집 샀다

초판 1쇄 인쇄   2023년   06월 26일
초판 5쇄 발행   2024년   05월 16일

지은이 ㅣ 이원일
펴낸이 ㅣ 구본건

펴낸곳 ㅣ 비바체
출판등록 ㅣ 제2021000124호
주소 ㅣ (27668) 서울시 강서구 등촌동39길 23-10 202호
전화 ㅣ 070-7868-7849 팩스 ㅣ 0504-424-7849
전자우편 ㅣ vivacebook@naver.com

ISBN  979-11-977498-9-6   03320